誰でもできる透視リーディング術

光の記憶　魂の記憶を思い出す

まさよ

動物を視る（137ページ）　雪美・作

オーラの視え方（118ページ）　舞羽・作

守護霊の透視・百合観音（125ページ）　雪美・作

ナチュラルスピリット

不思議な皆さんはあなたの応援団（20ページ）　舞羽・作

意識の切り替え（48ページ）　さとうけいこ・作

大好きだよ（182ページ）　みゆき・作

あの世ツアー（105ページ）　kokoro・作

七色女神フューシャ（196ページ）　実桜・作

グランディングのイメージ例（31ページ）　kokoro・作

過去世を視に行くイメージ例（63ページ）　kokoro・作

はじめに

巷には、スピリチュアルワークがたくさんあります。

技術としてのスピリチュアルを身につけようと、さまざまな方法を学ぼうとされる方も多いかもしれません。

教える人は、自分が得意とするやり方を教えてくださることでしょう。

でも、どんな方法で視るかは、一人ひとり違っております。それぞれに得意とするやり方が必ずあります。

例えば、目の前に美味しそうなショートケーキがあったとしましょう。それを食べるのに、手で掴んでそのまま食べるか、フォークを使って食べるか、あるいは箸で食べるか、それぞれに自分が食べやすい方法で食べれば良いのです。どのように食べたとしても、ケーキはケーキなのですから。

フォークで食べるのだけが正解ではなく、何でどのように食べても正解なのです。

私は、透視チャネリング（霊聴・霊視）をしていて気づくことがあります。

それは、私たちはすべて意識で成り立っているということ。人でも動物でも木でも物でもそうですが、相手に意識を向けること、相手に集中することは、自分のエネルギーフィールドがその人に向かっていき、その対象となるフィールドに触れると、とてもリアルで詳細にわかってくることです。

自分のエネルギーの触手のようなものが相手を掴んだとき、相手の気持ちや映像が自分の脳裏に映ってきます。

それは使わなければ錆びついてしまい、忘れていたら動かなくなります。せっかくあなたが持って生まれた能力ならば、それを最大限に使ってあげてください。

小さい頃、誰もが最大限に使っていましたね。物語を聞いたとき、一人で空想していたとき、誰もが小さな霊能者でした。

そう、再び小さな霊能者に戻るだけなのです。

それを、たくさんの方に知っていただきたくて本にいたしました。

皆さんが、ご自分の中に眠っている無限の能力に気づいて日常で生かし、より安心感に包まれ幸せを感じていただければと願っております。

目次

第2章　過去や未来を視る

第3章　相手の意識にロックオン

第4章　安心に包まれるために

プロローグ

●愛してるよ、大好きだよ

私たちは、すべてを許されてこの世に生まれてきました。嬉しいことも、悲しいことも、愛することも、憎むことも、それが何かを知るために、記憶を消してこの世に生まれてきたのです。

今こうしてあなたがここにいるのは、愛されている証拠。そして、愛されているからこそ、誰もが知る遠い記憶の源にいつか還るのです。

私たちには特別な人は一人もおりません。この世にいる限り、みな同じように体を持ち、空気を吸って食物をいただいて、同じように生きています。この世には神に選ばれた者も、特別に愛されている者もおりません。誰もが選ばれて、そして愛されて生まれてきたのです。

それを知ってくださったなら、どれほど多くの方が安堵されることでしょう。魂の安堵を皆さんに思い出して欲しいのです。

私たちの魂には、あなたが忘れてしまった源の記憶や能力があります。

それは誰の中にもあったこと。誰にでも不思議な力が備わっていること。その能力は大人になるにつれて私たちは忘れてしまいますが、それを再び思い出していただきたいと思います。

こんなにも自然に、今もあなたの側にあったことに、どうか気づいてくださいませ。

●あなたは神さまそのもの

私たちが思う神さまは、神社やどこかの国に、または宇宙の高次元のどこか神々しい場所に存在すると思ってしまいますが、実は神さまとは自分の身体に入りきれなかった存在だということに気づいてくださっている方は、どれ位いらっしゃるでしょうか。

それは何人という形あるものではなく、あなたから大きくはみ出している叡智の愛であり、あなたそのものなのです。

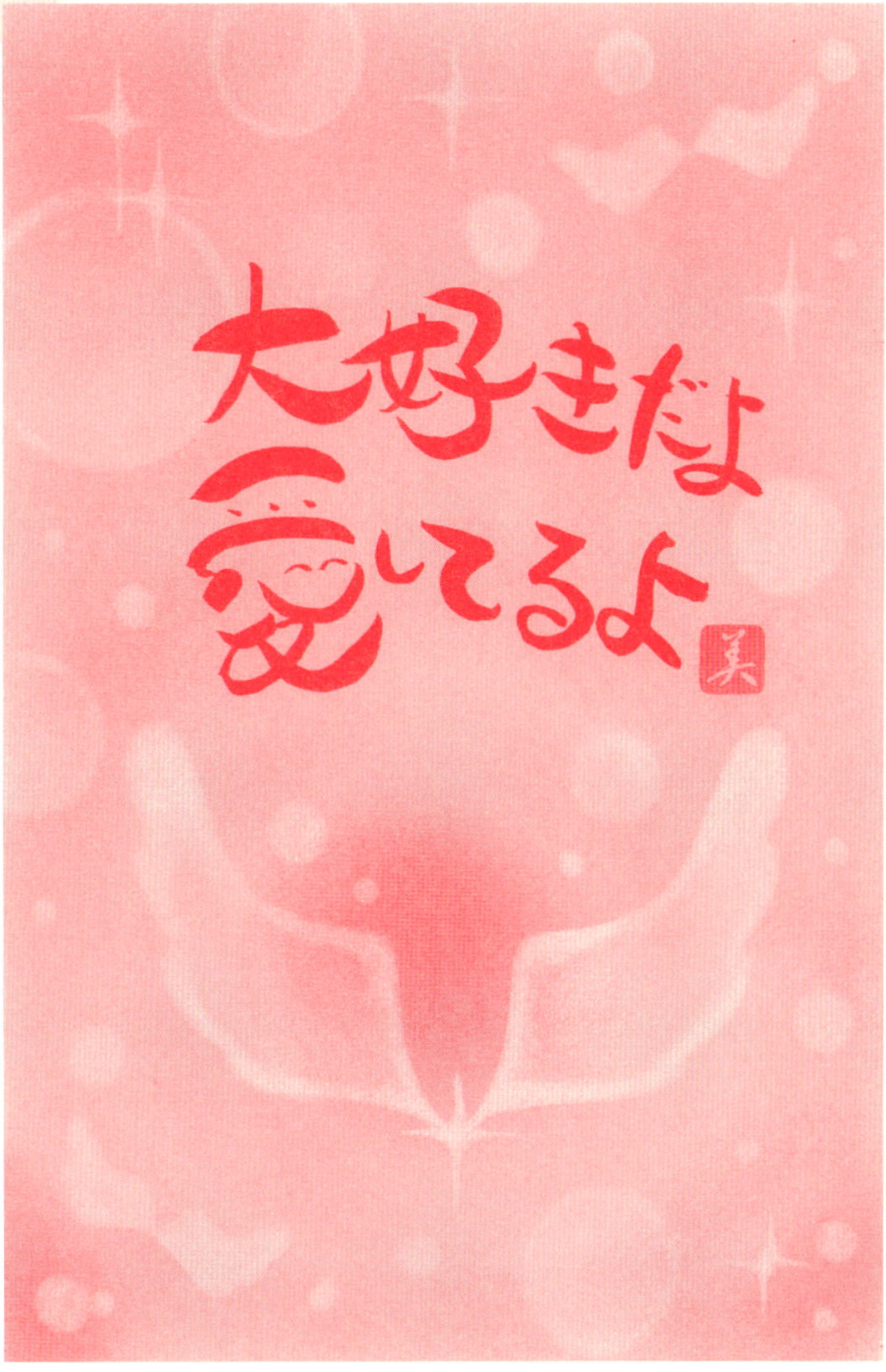

あなたは愛されて生まれてきた大切な存在　みゆき・作

今こうしているときも、私たちの身体から大きくはみ出した存在の中に、私たちは包まれております。それはとても大きくてきれいな球体の中にあり、誰もが守られ、許され、育まれてきております。

身体に入った瞬間から死ぬまで、いいえ、死んでからも一緒なのです。

死んであなたは大きな魂というエネルギーになり、そして源の大きなエネルギーと融合されていきます。

自分の胸から大きな光が溢れ出て、一瞬であなたが源に還ったとき初めて思い出します。

自分たちの纏っているエネルギーは、すでに光に包まれ、そして光となって源に融合されて初めて、魂の神への帰還なのだということを……。

私たちは身体だけだと思うかもしれませんが、すでに神さまと一緒にいて、それを守護霊とか、天使とか呼んでも構いませんが、その不思議フィールドは生まれてくるときに約束してきましたので、これから起こることも、自分で人生を選んだことも、すべて覚えているのです。

皆さんは、本当は自分も神さまと一緒だということ、神さまそのものだということを忘れてしまっていますので、他のものが凄いとか、神社の神さまが上だとか、仏さまが上だとか思ってしまいます。

ですから神さまの声が聞こえるとか、霊が視えるとか、目に映らぬものが、耳に聞こえぬ声が、視える聞こえるという人が、自分よりも優れていると人は思うのかもしれません。

でも、本当はみな平等の能力者なのです。どこで気づくか、どこで思い出すかだけなのです。

この世に霊能者はいなくて、いうなれば誰もが生まれながらの霊能者なのです。けれども、私たちは忘れてしまっているので、自分はわからない、聞こえないから自分にはない能力だと思い込んでいます。

それは視えない、聞こえないと思っている大きな間違った思い込みなのです。ですから「視えます」「聞こえます」という人を、凄い人だと勘違いしてしまいますね。

でも、スピリチュアルは何か能力を、あるいは技術を身につけるのではなく、自分の中にすでにある不思議能力を思い出すことなのです。

私たちは、すでに包まれている不思議フィールドの中心に、「戻って来なさい」と常に諭されております。

不思議フィールドは球体でもありますが、その中心には安堵しかありません。自分の意識もその中心に、安堵の中にいることは、不思議能力がすでに身についていることを知ることになるのです。

人は、自分には何かが足りないと思うでしょうし、実際に探し求める人もたくさんいらっしゃいます。

けれども不思議フィールドの中心にいると気づくことは、すでに足りていることと、すべてを持っていることに自ずと気づくことになるのです。

人は自分の魂を安心させなければ、この能力を思い出すことも使いこなすことも難しいのです。

ですから、いつも思うのです。

この世の修行とは、どうやって自分で自分を安心させてあげられるかということなのだと……。

自分の御霊を安心させて、初めて不思議能力は、おまけのように後からついてくるのです。

第1章 まずは不思議な存在に気づくこと

身体からはみ出している存在

私たちは自分を意識するとき、「自分」という存在は身体の中に納まっていると思っています。

実は、身体から大きくはみ出しているエネルギー体なのです。身体に納まりきれずにいるエネルギーは、あなた自身でもありますが、あなたを守る不思議な存在でもあります。

人には誰にでも、大きくはみ出して納まりきれないエネルギーがあって、それはあなたが生まれてきたときから共にいる存在です。

その存在は、いつもどんなときでもあなたの側で優しく愛しみ、守ってくれる、あなたの味方であり、あなただけの最高の応援団なのです。

その存在を私は、「姿の見えぬ不思議な存在」「不思議応援団」と言っております。あなたの耳には聞こえないかもしれませんが、「あなたが大好きです」「あなたを愛しています」と常に語りかけ、いつでもあなたを庇護し、そして優しく包み込んでいます。「大丈夫ですよ、心配しなくていいですよ」「ダメですよ、違いますよ」と、いつも気づかせてくれるこの不思議な存在は、あなたと常に一緒なのです。

それはどこからがあなたで、どこからが不思議な存在なのか、魂レベルでは区切りがありません。あなたが「自分」と思っているのは、実はあなたのほんの一部でしかすぎないのです。

透視は、身体に納まっている部分で視るのではなく、第三の目といわれる額の目で視るのでもなく、〝大きくはみ出している部分〟で視ることになります。

ですから、まず視るには、一緒にいる存在に気づき、意識してあげることが最大の近道となるのです。

第六感は不思議な存在からのサイン

チャネリングと透視の違いは何だろうと思うかもしれません。

実は、透視をしながらチャネリングをしておりますので、私は透視とチャネリングを分けては考えておりません。もちろん霊視と霊聴というものも、呼び方が違うだけで同じものと考えております。

透視は脳裏で映像を映して視ていて、チャネリングは文字や記号が降りてきたり、ヒラメキに近いものです。

チャネリングは第六感が働くときとよく似ていて、わかりやすく言うと、外出先で「あっ、忘れ物をした」と気づく瞬間です。「鍵を閉めただろうか」とか「火の元は止めただろうか」と突然、思い出した瞬間が誰にでもあると思いますが、そんな感じによく似ています。

実は、この第六感やチャネリングも、大きくはみ出した不思議な存在が教えて気づかせてくれているのです。

その存在を信じて整えていくと、どこかに行くときも大きな天候の崩れを避けることができたり、事故などを無意識に自分で回避することができるようになります。

そうなるには、まず不思議な存在を信じて、すべてをお任せすることで、それは次第に整えられていきます。

この「整える」というのは、磨くこととは少し違っていて、わずかな能力を磨いて鍛えて上達するのではなく、もともと備わっている完全な能力を一つひとつ思い出しながら使うことになりますので、私は「整える」と表現いたします。

目には映らぬあなたを包み込み、愛しんでいる存在に、まずはご自分も愛の言葉を口にしてお返ししてあげてください。

「愛してます」と言ってあげて

大人になると、自分のことを名前で呼ぶことがなくなってしまいますね。

大人になって第一人称を「〇〇ちゃんね」と、呼ぶ人はいないでしょう。でも、幼い頃は、誰でも可愛いらしい〇〇ちゃんでした。

私たちは生まれてくるとき、自分の人生も名前すらも、不思議な存在と一緒に決めてきています。

不思議な存在から見たあなたは、大人になった今でも何ら変わらない、美しい魂の「○○ちゃん」なのです。

大人であるあなたは、自分で自分の名前を呼んで「愛している」というのはとても恥ずかしくて言えないと思います。ましてや自分を嫌いだと、なおさら言い難いことでしょう。

人は生きていく中で、ときには他人を恨み、憎み、羨むこともあります。そんなとき、自分の魂が穢れてしまったとか、汚れてしまったと思うかもしれませんが、魂は決して穢れたり汚れたりはしないのです。

あなたの魂には、汚れなど一つもありません。

どうぞご自分にではなく、一緒にいる不思議な存在に恩返しのつもりで言ってあげてください。

どうぞ勇気を出して、あなたの名前を声に出して言ってあげてください。あなたが生まれる前に決めてきたお名前なのですから。

「○○ちゃん愛しています」

「今まで忘れていてごめんなさい」

「偉かったですね」
「辛かったですね」
「頑張って生きてきて立派です」
「○○ちゃんが、今も昔も変わらぬ大切な存在」
「愛しています○○ちゃん、愛されていることを忘れないで」

そんなふうに自分自身の耳に、愛の言葉を聞かせてあげることは、あなたと共にいる不思議な存在に対しての気づきであり、愛のお返しでもあるのです。

これを、私は「自分の御魂の神さま孝行」と呼んでおります。

その言葉をご自分に、不思議な存在に聞かせてあげるだけで、忘れてしまった不思議能力のスイッチが入って再び作動するようになります。

「そんなことで?」と思うかもしれませんが、そんなことすら私たちは忘れてしまっているのです。

生まれてきたときから一緒に側にいる存在に、まずは改めてご挨拶をいたしましょう。

「忘れていてごめんなさいね。いつもありがとう、大好きです。愛しています」

あなたがどんなに自分を嫌いでも、たとえあなたがどんなに人に嫌われていたとしても、共にいる不思議な存在は、あなたが愛おしいのです。あなたを、ただただ愛したくて、守りたいのです。

この世に生まれてくるのは、とても辛い経験をすることです。

それを選んだ果敢なあなたが、健気で愛おしくて仕方なくてね。ですから必死で愛したいのです。

どうか、その愛に応えてあげてくださいませ。

誰もが生まれながらの霊能者

透視と聞くと、何を思われるでしょうか？

特別なことで、透視やチャネリングをする人を、特別な能力の持ち主だと思われるのではないでしょうか？

そして、必ず自分にはない能力だと否定してしまう人も多いかもしれません。

でも、誰にでも備わっている能力なので、あなたは今もこの瞬間に、無意識にしていたとしたらどうしますか？

まさかと思うかもしれませんが、人はみな幼い頃、誰もが透視やチャネリングを無意識にしており、生まれながらの霊能者でした。それはあまりにも自然すぎて、あえて意識はしていなかったのだと思います。

子どもの頃から霊感があった、イタコや霊能者の血筋だったという人も多いかもしれませんね。それは遺伝というよりも自分の「視る」能力を疑わずに、自分にもあるかもしれないと、どこかで信じてきたからだと思います。

けれども、ほとんどの人が忘れて過ごしています。忘れなければ、普通に生きてはこられませんでしたので、必ず誰もが霊能力を忘れ去ることとなります。

忘れることで、人として生きることの悲しみや苦しみ、そして喜びを経験し、魂の記憶に刻むことになるからです。

それは大切な魂の成長に繋がっていきます。

人は魂を精いっぱい震わせて源に還ることがすでに設定されていて、魂の成長は地球に住む人類の進化でもあり成長でもあるのです。

人は長い年月をかけて、愛を学んでいます。

愛とは何か、人間らしさとは何か。それは時代の流れと共に、人類の進化と共に、移り変わってきております。

人が生まれ、死に、ただそれを繰り返してはおりますが、一人ひとりが精いっぱい生きた記憶も経験も、少しずつ蓄えられているのです。

あなたが精いっぱい生きた証しや経験は、時代が移り変わる中で、もしかしたら誰の記憶にも残ってはいないかもしれませんし、歴史に名を残してもいないかもしれません。それでも源の魂の集合には、あなたが経験した記憶が残されているのです。

それには、魂の持つ源の記憶を消さなければ経験することができません。

殺したいほど誰かを憎み、身悶えるほど誰かを愛することで、私たちは一生懸命、魂を震わせています。

それこそが魂の経験に必要な学びなのです。

本当は、そこに魂の経験に善いか悪いかはないのかもしれません。

透視をしているとき何を視ているのか

小さい頃、誰かに絵本を読んでもらったり、おばあちゃんに昔話を聞かせてもらったことを思い出してみてください。

例えば、「昔むかしあるところに、おじいさんとおばあさんが住んでいました。おじいさんは遠くの山に芝刈りに、おばあさんは川に洗濯に行きました……」と物語を聞くと、今あなたの脳裏には何が浮かんでいますか？

普段は、そこを意識していないかもしれませんが、どこかで見たことのある山と川が出てきませんか？

おじいちゃんとおばちゃんが出てきませんか？

それは、遠い昔に見た絵本かもしれませんし、テレビで見た映像かもしれません。

また、あなたがイメージで創り上げた空想かもしれません。

それらは、空想や妄想だと思われるかもしれませんが、実は透視リーディングやチャネリングは、あなたが空想だと思っているその延長線上にあるものなのです。


空想や妄想は、脳が創り出すものと思われていますが、場所や場面などを映し出すとき、意識は無意識に身体を抜けて、いろいろな場所を映し出して視ていたりします。

それは現実的な場所かもしれませんし、この目には映らぬ世界かもしれません。

人の脳裏に映る映像が、本当は確実なものだということに気づいている人は、きっと少ないかもしれません。

その能力は、選ばれし者だけのもので、それを視るのには技術が必要だと誰もがみな信じて疑わないからです。

でも、自分の脳裏に映ることこそが、透視をしていることの気づきであり、チャネリングが上達する方法なのです。

それを空想や妄想で終わらせるのではなく、感覚を整えていくことで、あなたができる透視やチャネリングはとても確実で的確なものとなっていきます。

あなたに備わっている能力には上限がありません。区別も段階もないのです。あなたが持っているその感覚を整えていくことは、もっともっと不思議な感覚に気づいていくことになります。

それを正確に使うことで、まだ気づいていない人たちへの気づきのバトンタッチになることでしょう。

あなたは、これからご自分に起こり得ることが、自ずとわかっていくこととなります。

それこそが本物のチャネラーであり、霊能者だと私は思うのです。

地球と繋がりブレない自分を創る

スピリチュアルやエネルギーワークで、一般的に行う大切なことの一つに、グランディングがあります。

グランディングとは、一般には憂鬱さや無気力、不安定な気持ちなどを、本来の自分でいられるように自分の中心と繋がることで、必要のない感情やエネルギーを手放して浄化することといわれております。

その方法はたくさんありますが、どれが正しくて、何が凄いというものではありません。

ここで、やり方の一つを実際に行ってみましょう。

やってみよう！ グランディング

まずは、静かに目を閉じて自分の呼吸を意識してみましょう。

鎖骨いっぱいに大きく息を吸い込んで、ゆっくりと吐きながら意識を呼吸に向けてください。

静かに、静かに向けましょう。

次に、意識を頭頂部にある第7チャクラに合わせます。

そして、ゆっくりと意識を向ける場所を下げていきます。

第7チャクラから、額の第三の目といわれる第6チャクラ、喉仏がある第5チャクラ、胸の真ん中の第4チャクラ、みぞおちの第3チャクラ、丹田といわれる第2チャクラ、男性は性器、女性は恥骨の部分の第1チャクラと、順番に意識を下げていきます。

ゆっくりと呼吸しながら、静かにチャクラを下げていきましょう。

チャクラというのが難しい方は、頭のてっぺん、おでこ、喉、胸、みぞおち、腸、恥骨と部位で覚えて、そこを意識してみてください。慣れるまでは声に出して言うことで、そこに意識を向けやすくなります。

丹田の場所は、おへそに親指を当てて手をグーにしたときの小指の位置に当たります。

丹田のある第2チャクラに意識を集中したなら、そこから紐のようなものを伸ばして、地球へと紐を下げていきます。

紐は、あなたの魂の触手と思ってください。

そして、紐をさらに地球の中心へと深く、深く下ろしていきます。

地球の中心には何があると思いますか？

マントルを通って、外核・内核があると思われるかもしれませんが、グランディンは自分の好きなイメージで構いませんので、好きな映像を自由に創ってみてください。

安心できるお母さんのお腹の中のようなイメージでも、クリスタルの世界でも、草原でも構いませんが、地球の中心を自分の心地良いイメージに創り上げてみてくださいね。

地球の中心はもしかしたら、あなただけのお花畑かもしれませんし、きれいなオーロラの世界かもしれません。

人によって、それぞれに違って良いのです。

では、その場所でゆっくりと呼吸をして、地球があなたそのものとして一体となるイメージ、または地球に包まれるイメージを描いてください。

さぁ、あなたが呼吸をすると、地球も一緒に呼吸しています。

あなたが息を吸うと地球も膨らみ、あなたが息を吐くと地球もゆっくりと息を吐いています。

ゆっくり、ゆったり、あなたと地球は連動していて一体になっています。

あなたは今、宇宙の根源、宇宙の中心におります。

上手にイメージができたら、再び大きくゆっくりと呼吸を調え、第1チャクラへと意識を戻していきます。

次に、丹田まで意識を戻し、丹田に意識を集中したまま、ゆっくりと目を開けてみましょう。

＊

ゆっくりと呼吸しながら意識を集中することで、脳波がシータ波まで下がり、透視しやすい状態となります。

脳波は、人がイライラしているときにはガンマ波（γ）、軽い緊張状態のときにはベータ波（β）、リラックスしているときにはアルファ波（α）、寝起きやウトウトしている寝入りばなにはシータ波（θ）、眠りに落ちているときにはデルタ波（δ）が出ているといわれ、この五種類に分けられています。透視やチャネリングをしているときの脳波は、このうちのシータ波に一番近い状態といわれています。

私は、このときの脳を「神の脳」と言っております。

なぜ、このグランディングをするのでしょう。

それは、しっかりと地球と繋がり、ブレない自分を創り上げることで、次に高次元の存在へと繋がるための準備であり、透視やチャネリグをするうえで必要不可決なものと考える場合が多いのです。悪いものに繋がらないように、結界を張るようにとも教えられるかもしれません。

でも、実際はグランディングをするから視えるというわけではありません。グランディングをするから高次元と繋がるわけでもないのです。グランディングをすることで地球と繋がり、次に高次元の存在と繋がると思っていても、実は高次元にも低次元にも繋がってはいないのです。

本当はそんなことをしなくても、人は初めからすでに繋がっているからです。グランディングは、自分の脳裏に映る映像を上手に捉えるための、いわば準備運動なのです。

子どもの頃は、グランディングをして視ていることはなく、大人になった今も透視やチャネリングをするのに、いちいちグランディングをして視ているチャネラーや霊能者はいません。

「昔むかしあるところに、大きなお山がありました」こう言うと、あなたの脳裏には〝大きなお山〟が映し出されているはずです。この大きなお山を脳裏に映し出すのに、グランディングは必要でしょうか?

では、初めからどこに繋がっているのか、それは何なのか……。

すでに高次元の中にいる私たち

私たちは、なぜこの世に生まれてきたのでしょうか？

もしかしたら本当は生まれてきたくなかったかもしれませんし、あえて勇気を振り絞り自ら望んで生まれてきたかもしれません。

その理由は、きっと一人ひとり違うのでしょう。

この世へは修行のために生まれてきたのだから、辛い経験を乗り越えることで魂が磨かれると信じている方もたくさんいらっしゃることでしょう。

もしかしたら、そのように思うことで乗り越えられる辛さもあるのかもしれませんし、生まれてきた目的を見出すことで、生きやすくなるのかもしれませんね。

人は、どこかに生きる糧や魂の目的を見出そうとしますが、それは自分で自分を納得させて、辛い自分の人生を受け入れるためなのかもしれません。

でも、生まれてくることに理由はなく、ただ溢れ出づるようにして生まれてきたとしたならば、人はどこに生きる糧を求めたら良いのでしょう。

あの世、魂の源は温泉の源泉のようなもので、常に溢れ出る源泉から押し出されるようにして命が生まれてきます。源泉に還る魂があれば、溢れ出づる魂もあり、溢れ出た魂は身体というカップで受け取り、それをまた源泉に戻すことをただ繰り返しております。

私たちは誰もが、自分が生まれてきた目的や使命を知りたいと願いますね。けれども、本当はそこに大きな理由はなく、自分が生まれてきた使命や目的は、自分が自分に決めてあげるものなのかもしれません。

源泉から押し出されたものは、カップという身体を持つものと、カップに入りきれなかったものとが共存しております。

身体を持っているのがあなたならば、それを守り仕えるために、一緒に意識を共有している存在が、大きくはみ出した不思議な存在です。

お茶碗に入ったご飯で例えるなら、テンコ盛りの状態なのです。それは、目には映らないかもしれませんが、体から大きくはみ出しているエネルギーとして、人の身体と一心同体で共におります。

その身体に納まりきれなかった部分こそが、魂の源の記憶であり、神であり、高次元であり、アカシックといわれる部分なのです。

押し出されたカップに入る者は、記憶を消されてしまいますが、カップに納まりきれなかったエネルギーは、魂の記憶や仕組みを忘れることなく覚えていて、いずれはみなそこに還っていくことも知っています。身体を持つ者がこれから辿っていく人生を、一緒に経験していく運命共同体の存在なのです。

それを「守護霊」と呼ぶ人もいるかもしれませんが、私は「神の記憶を持つ不思議な存在」と言っております。

そこにはすべての情報があり、またそれはあなた自身でもあるのです。

あなたの身体には魂の記憶が、源の記憶が、神の記憶が、一体となって備わっています。その呼び方は、神でも宇宙でも創造主でも何でも良く、ご自分がしっくりくる呼び方で構いません。

呼び方よりもそこに気づいて、信じてくださることのほうが、透視やチャネリングをするうえではとても大切なのです。

チャネリングをすることは、危険を伴うとか悪いもの、低級なものと繋がったりすると言う方も多いかもしれません。

けれども、低級とか高級という言い方をすれば、それもあなた自身だったりするのです。あなたの中には冷たいあなたも、暖かい人柄のあなたも必ず存在するはずです。そのときのあなたは、どのあなたでしたか？

神の脳になるには、高次元とか低次元とかを気になさるよりも、あなたは一体誰なのか、あなたは何者なのかに気づいてください。

あなたが神の脳であるならば、そこに低次も高次もないのです。すでに私たちは神の意識の中、高次の存在の中にいるのですから。

実は、魂には霊格とか段階もありません。

霊格を高くする行い、波動を高める心、その反対に霊格を下げる行い、波動を下げる心、さまざまなことが言われております。

もちろん人に迷惑をかけたりルールを守らなければ、人としての品格を疑われますね。

でも、それは魂の格ではなく、また波動が低いわけでもなく、人として生きていくうえでの品性の問題なのです。

人としての品格と魂の霊格とは別のものなのです。

神さまを自分の身体に預かっている

神さまはご自分の中にあります。そう言われても、一体自分のどこにあるのだろうと思う方も多いことでしょう。

頭かな、心かな。身体のどの部分だろうと思うかもしれませんが、身体を持つあなたと不思議な存在のエネルギーフィールドには境目がなく、身体に納まりきれなかった部分を意識することが、自分自身を安堵させる最高のグランディングとなっていきます。

グランディングとは、あなたの魂が安心している状態なのです。

私たちは、この世に生まれてきたときに〝安心〟しか持っておりませんでした。

それが、生きていく中で、人は安心よりも不安が多くなるのかもしれません。

けれども、初めから安心しか持ち得ていないのならば、再びその安心を思い出していただくことがとても大事なことなのです。

そして、その安堵は、さらにあなたを不思議な世界へと導いてくれる始まりなのです。

「見える」と「視える」の違い

私たちには、肉眼で見る目と脳裏で視る目と二つがあります。

私は「あちらの目」と「こちらの目」と言っておりますが、子どもの頃は「あちらの目」と「こちらの目」、「視る」と「見る」を誰もが同時に行っておりました。「見る」と「視る」がとても近くにあり、常に一緒にみえていましたので、「みえているもの」が現実か空想なのかと、あえて考えたりはしませんでした。

でも、大人になるにしたがって「こちらの目」に映るものがすべてと思うようになり、視える部分の「あちらの目」を全く意識しなくなっていきます。

そうすると、「視る」部分を使うことがどんどん減っていきますので、「あちらの目」はいつしか空想へと退化していきます。

「あちら」と「こちら」が遠くなることで、ますます現実のみを「見る」ことになります。つまり、「あちらの目」は忘れて置き去りにしてしまった透視能力なのです。

子どもの頃、大人たちの会話を聞いていて、耳で聞いていてもその内容までは理解していなかったことを憶えていますか？

そしてある日、ある時を境に、大人が会話している内容がすっと明確に理解できたときが誰にもあるはずです。そのときが、あちらの目とこちらの目が離れ出し、あちらの目を忘れていく瞬間なのです。

大人の会話を理解できないときは、あちらの目をフルに使い、意識の半分が空想や妄想の世界にいます。これを「半混沌とした神の世界」と私は呼んでおります。でも、大人の会話がはっきりと理解できたとき、意識は現実の世界に一〇〇パーセント浸かるようになります。

そうすると、次第に不思議能力は使えなくなってしまいます。

肉体の目で「見る」ことと、不思議な部分で「視る」ことの距離が、次第に離れて遠くなっていくのです。

再び「視える」能力を思い出そうとしても、長い時間放置して使っていなかったこともあって、「あちらの目」を正確に使うことが難しくなっています。ですから、ますます自分の視えていることが、信じられなくなるという悪循環に陥るのかもしれませんね。

せっかく誰もが平等に頂戴してきた能力なのに、それはなんてもったいないことでしょう。

視えたことを信じて、気づきのスイッチを入れてあげることで、視える能力は再び息を吹き返したように稼動し始めます。

大人になって魂とは何なのか、スピリチュアルなことに興味を持つ方が多くなります。

それは、いにしえの記憶を持つ、あなたの不思議なエネルギーフィールドが、忘れてしまった魂の仕組みをあなたに思い出して欲しいと願っている証拠でもあるのかもしれません。

どうぞ上手にあなたを思い出してあげてください。

そして、どうか安心を選んでください。

脳裏に映るものを視る

透視というと、目を瞑って視るものと思うかもしれませんが、目を閉じてしまうと瞼の裏に意識が向きますので、「真っ暗で何も視えません」ということになります。

透視は、額にある第三の目で視るとか、瞼の裏に映ると思われていますが、この瞼の裏を見ているときは肉体の目で見ています。実際は、瞼ではなく脳裏に映るものなのです。

透視の目は脳裏に映る目で、慣れるまではどうしても無意識に身体の中で、意識が切り替わってしまいます。

透視をする場合は、脳裏の目から意識を外さないようにすることが、上手に使いこなせるコツになります。

長い時間、脳裏に意識を向けることができるようになったら、あとはいつでも透視が可能になります。

航空写真を眺めるように、知らない場所に浮かんで視ていたり、知らない場所に降り立って視ていたり、誰かの家の外や中にも入って視ることもできますので、そこに何があるか的確に知ることができます。

過去や未来の場所に降り立つことも、誰かのご先祖さまとお話しをすることも、神社の神さまと会話をすることも可能になります。亡くなった方やペットとの会話も、ありとあらゆることができてしまいます。

あなたの能力にはすべてが揃っていて、その力に限界や上限はないのだと思います。

身体から意識が抜けて自分が生まれてくる場面を視たり、自分がどこから降りて、いずれどの場面、どの入り口から源に還っていくかもわかるようになります。

やってみよう！

視る感覚1

目を瞑ると瞼の裏に意識が向いてしまいますので、目を開けたままで行ってください。

今、あなたの目には何が見えていますか？

文字から目を離して、顔を上げてみてください。

あなたの目の前にある物が見えているかと思います。

では、目を開けたままで「りんご」を思い浮かべてください。

真っ赤な美味しそうなりんごです。そうすると、目に映る部分ではなく、脳裏に赤いりんごが映っていることでしょう。

頭の中にあるりんごを真上から視てください。

ヘタが視えますか？

では、下から視てください。

りんごのお尻が視えますか？

＊

透視は、このような感じで、目は目の前の物や文字など今を映し出し、脳裏では別なものを視ている状態です。

りんごのヘタと言うと、へたを視ようと、より脳裏に映るりんごに意識を集中して視ているはずです。

あちらの目とこちらの目、私はその状態を「両方の目」と呼んでいますが、そのときの肉体の目はどこかに視点を固定していて実際には目に意識はなく、脳裏に意識が向いている状態です。

「こちらの目」に意識を向けると「あちらの目」は休んでいる状態で、「あちらの目」に意識を向けると「こちらの目は」休憩していて、「見る」と「視る」を同時に行うことはほんのわずかな意識の切り替えだけなのです。

私がいつも講座で行うときは、「風にそよめく緑色の草原を思い浮かべてください」と言います。

そう、赤毛のアンの舞台のような草原です。

ここで、少しだけイメージしてみましょう。

やってみよう！　意識の切り替え

緑色の草がサラサラと風に揺れている草原が広がっています。

上手に草原がイメージできたら、次はその草原の真ん中にあなたが立っている映像を映し出してみてください。

そして、大空に浮かんで、あなたは自分の姿を見下ろしてみてください。

航空撮影のように、どんどん引いて上から視てください。

広い草原の真ん中に、小さく立っているあなたの姿が視えます。

では、草原に立っているあなたの身体の中に意識を戻し、あなたの目から視てください。

さぁ、私が「はい」と言うと、一瞬で意識が身体に入ります。

「はい！」

草原をゆっくりと見渡してみてください。
どれくらいの広さの草原なのかを、ご自分で確認してみてください。
その草原には、何がありますか？
青い空と、可愛らしい花が咲いていて、白いチョウチョが目の前を飛んでいきました。
風がそよそよと吹いているかもしれませんね。
そのまま左の方向を視てください。
遠くのほうに林が視えてきました。
さぁ、その林まで行ってみましょう。
（この時点では、誰もが同じような草原を視ています）

では、場面を変えてみましょう。
一瞬で林の前に、今あなたは立っています。（林の前にイメージを切り替えてください）
林の前に立っているあなたは、そっと林の中に入ってみましょう。そして、そのまま
林を抜けてみてください。

林を抜けると、どのような景色が視えてきましたか？

林を抜けた先に、今あなたは何を視ていますか？

よーく視てくださいね。

何が視えているのか、自分が視ているものをそのまま言葉にしてみてください。紙に書き出しても構いません。

この時点では、ご自分が創り出した妄想だと思われても良いので、視えたものをただ確認してください。

それぞれが、いろいろな景色を視ています。

＊

これは一体どういうことかというと、私がイメージしている世界に、皆さんを誘導して、皆さんの不思議フィールド（魂）が身体を抜けて、私のフィールドにアクセスして視ている状態なのです。

草原までは、ほぼ完全に同じ景色を誰もが視ていますが、林を抜けた先だけは、皆さんがご自分のエネルギーフィールドを使って自分の脳裏で視たことなので、それぞれに違っています。

この方法をもっと整えられたら、住所などから視ることができる「場所の透視」の技法になります。

これを練習することで、とても具体的に場所を映し出すことができてきます。

それでは、もう少し練習していきましょう。脳裏に視えてくる映像から、意識を外さないようにしてくださいね。

やってみよう！　視る感覚2

ゆっくりと呼吸をしてください。

そっと目を閉じて、瞼の裏を見てください。電気の明かりや太陽の光はわかっても、真っ暗だと思います。

今、意識は瞼の裏に向いています。

それでは目を開けて、どこか一点を見つめて、目をどこかに固定してください。

上手に意識を「見る」から「視る」に替えていきましょう。

私が大好きな景色に、青森の夏泊があります。夏泊は、小高い急な山道を越えて降り立った先にあります。

小さな細いクネクネした道を、車を走らせて山を上り、頂上から下る頃には視界が開けて左側の下界に海が見えてきます。東北の海には珍しい、きれいな薄いエメラルドグリーンの海です。

この夏泊の海は、砂浜ではなく白い岩場が遠浅に一〇〇メートルくらいまで続いていて、沖に進むと小魚や貝、ウニが見える透明なきれいな海です。

今、私がそのように言うと　私が見た夏泊の海と同じシチュエーションで、同じ映像を皆さんが視ています。

では、夏泊の海の先には何が視えてきますか?

自由にその場所で何が視えるか、よく視てください。

あなたは今、夏泊に降り立っています。ぐるりと辺りを見回して何が視えていますか?

もっと広く視たいと思うときは、身体を引いて空に浮かんで見下ろしてみてください。遠くに水平線を視ている方もいるかもしれませんし、そこに人や建物や船を視ている方もいるでしょう。

今あなたが行っているのは、夏泊の場所を透視しています。あなたの不思議フィールドが夏泊に行って視ているのです。

＊

練習の方法としては、誰かに自分の知らない住所を言ってもらって、視えてくる映像を待つことです。

そして、何か一つでも視えたら、必ず言葉にしてください。視えたことは、何か一つでも当たっていることがあるはずです。屋根が緑だったとか、こういう樹があったとか、土地の形など、何かしら当たっていることがあります。

それが、最初は一〇のうちの一つか二つかもしれません。それでも何かしら合っていることがあれば、ご自分の自信になっていきます。「あーこれで良いのだ」と、だんだん自分を信じてあげることになります。

行っているうちに視えてくる物が二つ、三つと増えていくことで、次第に確実に視える能力が復活してきますので、視えたことを疑わなくなっていきます。

透視は一人で練習していても、そこに答えはありませんし、上達もいたしません。視えていることが合っているのかどうか、答え合わせができないからです。

透視は、相手があって初めて上達していきます。

お友だちとお茶を飲んだときもそうです。何気ない会話を交わしているときこそが、透視やチャネリングの絶好の練習場となります。

会話の中で、お友だちがあなたの知らない同僚や上司の話などをしたときも、すでにご自分の脳裏に映っている人物がいるはずです。そういうときは、脳裏に映っている姿や特徴を口に出して確認してみてください。

「会社の上司は、こういう人?」と伝えると、意外に近い人物を映して視ていたりするものです。

透視リーディングのきっかけ

私がこのお仕事をするきっかけとなったのは、友人と会話をしていて、友人の彼氏の特徴や性格を言い当てたときでした。

自分の脳裏に映っている姿を何気なく口に出したとき、友人がとても驚いて「どうしてわかったの？」と聞かれたことがありました。

今まで自分の脳裏に映っているものは、自分の創り出したイメージとか妄想だと思っておりましたので、口に出すことはありませんでした。ですから当たっていたことに、何よりも私自身が驚きました。

初めの頃こそ、たまたま当たっていたのだろうと思っていたのですが、当たっていることを積み重ねていくうちに、次第と偶然ではないと気づくようになっていきました。

当たっていると言われたときは、多くの場合で視えていたことや感じたことを、そのまま素直に口に出したときでした。

そうしているうちに、気づいたのです。

「もしかしたら脳裏に映ることは、妄想でも空想でもなく、これは真実なのかもしれない」と……。

そして、私の能力を目の当たりにした友だちが、次第に友だちを連れて来るようになり、「視る」ことを自然に練習させていただいていたのです。

「視えていることは妄想ではなかった。私はもともと霊感があったのだ」と思ったとき、「人は誰もがそうなのだよ」と、どこからか声が聴こえてきました。

もしかしたら、これは私だけではなく、すべての人ができるのではないだろうかと思い始めた瞬間でした。

ほどなくして「あなたはこれをするよ」と、また不思議な声が聴こえてきた翌日のこと。勤めていた会社に出社した朝、局長室に呼ばれて突然「四月からの契約は更新しない」と、いわば一方的にクビを宣告されたのです。

ちょうど世間では行政の仕分けの時期でもあり、私の携わっていたお仕事は四月から国からの助成金が出ないというのが理由でした。

定年まで勤めるつもりでおりましたので、寝耳に水の宣告に驚きましたし、これからどうなっていくのだろうかと、見えぬ先を案じて不安になったものでした。

それから三月末で会社を辞めた二日後には、私の知らない方が目の前に座っており、個人相談をしていたのです。

それはあまりにも突然という形で、自然と誰かの相談をさせていただくことになりました。さらには、「㈱カルチャー」のA店長とも知り合い、「透視リーディングチャネリング講座」の講師をさせていただける機会も頂戴したのです。

そして、仙台、山形、福島とカルチャーに呼んでいただいたことから、気づいたら全国で一日講座を開催するようになっていました。

今思うと、カルチャーで行うには、なんて怪しい講座なのだろうかと思うのですが、そんな怪しい講座を持たせていただいたこと、そしてそんな怪しい講座に通ってくださった方々がいらしたおかげで、透視とは、チャネリングとは何か、誰にでもある能力だということを確信いたしました。

皆さんは「自分にはない能力」と思っていますが、もともと備わっている能力に気づくことで、魂が安心してどんどん人生が変わっていきます。

今では、カルチャーの生徒さんや一日講座にご参加くださった多くの方々が、ご自分の能力を生かしたお仕事に携わったり、家族や友人に対して何かに役立ててくださっております。

どうぞ練習されるときは、どなたかに手伝っていただいてくださいね。

自信は他人がくださるものなのですから。

第2章 過去や未来を視る

自分の過去世を視る

多くの方が、ご自分の過去世に興味をお持ちです。

過去世というと、輪廻転生があって、自分が死んで、そしてまた自分の魂が別人の身体を持って生まれ変わるものだと思われております。ですが、本当は自分の過去の記憶というものは、自分だけの記憶ではなく誰かの記憶でもあるのです。

例えば、水の入った大きなバケツの中に赤や青やオレンジや黄色など、いろいろな色を混ぜたらバケツの水は複雑な色になりますね。それをコップに汲み上げたら何色かわかりませんが、コップの中には赤も青もオレンジも黄色の記憶も確実に入っております。その中から、自分はどの色を強く意識しているか、またどの色に魅かれるかで、自分の過去世として強く認識いたします。

自分は誰々の生まれ変わりだと言われる方もおりますが、正確には誰の記憶をより強くクローズアップして自分が感じているのか、ということになるのかもしれません。

私たちは生まれてくるときに、たくさんの記憶を紡いできています。そこには、誰かの心残りや無念もあるのでしょう。そのどれを強く引き継ぐかで、今世で求めること、抱えていること、経験することが変わってくるのです。

自分の過去世を知る方法は、いくつかあります。

大きく分けると、ヒプノセラピーという退行催眠を受けてご自分で視て知る方法と、誰かにリーディングをしていただいて視たものを聴いて知る方法の二つがあると思います。

でも、自分で自分の過去世を視る方法はなかなか難しいこともあって、実際に意識的に視られた方は少ないかもしれません。

とはいえ、過去世は、それが本当かどうかを科学的に証明することができませんので、自分の知らない時代、知らない場面、知らない人々が脳裏に映像として表われてくることを、「過去生」または「過去世」とお話しております。

やってみよう！　過去世を視る

それでは、先ほど視た緑の草原を思い浮かべてください。

そして、草の上に寝転んで静かに空を眺めていてください。

どこかの海がイメージしやすい方は、砂浜に寝そべれるチェアを置いて、そこに寝そ

べって空を眺めてください。（上手に脳裏にイメージしてください）

あなたの脳裏の目には、どこまでも続く青い青い空が広がっています。

あなたの身体の上を風が通り過ぎていきます。

ぼんやりと青い空を眺めていると、空の上からキラリと光るものがゆっくりと降りてきました。

その光るものは、どんどんあなたに近づいてきました。

あなたの目の前に降りてきたもの、それはキラキラと輝く七色の気球でした。

七色の気球は、あなたの目の前に止まりました。

この気球は、あなたを過去世へと導いてくれます。

さぁ、ゆっくりとその気球に乗り込んでください。（上手に気球に乗り込むイメージをしてください）

あなたが気球に乗り込むと、気球はふわりと浮きました。

そして、地上からどんどん離れていき、上へ上へと昇っていきます。

自分が寝そべっていた場所が小さくなっていきます。

イメージの中で目を瞑って大きく深呼吸をして、頭の中で1、2、3と数えてください。数え終えると、場面が宇宙に切り替わります。（イメージの中で、そっと目を開けてみてください）

一瞬で星が広がる深い宇宙を漂っています。

今、ご自分が視ている宇宙をよく観察してくださいね。

宇宙はどんな感じですか？

自分がどこかで、何かで見た宇宙が広がっていることと思います。

宇宙に浮かんでいるイメージができたら、「自分の過去世へと向かいます」と心の中で言葉にしてください。言葉にすることで、気球はゆっくりと下降し始めます。（意識の中でゆっくりと目を閉じてください）

気球はどんどん下降していき、まるでジェットコースターのように急速に降りて、どこかにそっと着陸しました。

さぁ、意識の中で1、2、3と数えたら、ゆっくりと目を開けてください。

そして、静かに気球から降りてみてください。

目の前には、どんな景色が広がっていますか?

ぼんやりとでも何か視えますか?

視えてこないときは、しばらく出てくるまで待ちましょう。

ゆっくりと自分の足を視てください。

どんな靴を履いていますか?

そこから視線を上げていき、自分の姿を視てください。自分の姿が視えないときは、体を抜け出して引いてみてください。(スーッと体を抜けるイメージをしてください)

体全体が視えてきます。

どんな姿ですか?

どこの国でしょうか?

どの国の、いつの時代か、何かヒントになるものを見つけてください。(自分の姿、時代、国を確認してみてください)

あなたはこの国で何をしているのか、自分のルーツを探るために、視えている過去世の自分に聞いてみてください。

「今のあなたは、なぜ、何のために生まれてきましたか？」

過去世のあなたは、なんて答えるでしょう。

自分で自分に質問をしてみてください。

答えをもらったら、静かに目を開けて大きく深呼吸をしてみましょう。

もしも答えをもらえないときは、日を改めて何度でも過去世に行き、自分に質問をしてみてください。

でも、質問の答えよりも視えたこと、感じたことのほうが大事なのです。

＊

宇宙の映像も、過去世の映像も、どこかで見たような映像かもしれません。もしかしたら自分が創り出している映像だと思われるかもしれませんが、映像が出ている脳裏に、上手に意識を向けられていることがとても重要なのです。

普段から絶えず自分の脳裏に映像が現れているにもかかわらず、それに気づかずに私たちは過ごしています。

ですから意識して過去世を視ることは、とても疲れます。慣れるまでは一度に何時間も視るのではなく、少しずつ自分を誘導しながらご自分の名前、年齢、親は誰で、友人は誰で、そこに知っている人がいるかどうかを、日を変えて進めてください。

そうすることで、まるであなたが知らなかった映画を見るように、一つの人生の物語が出来上がっていきます。

これはヒプノセラピーの技法で、普通はセラピストが必要になりますが、自分で自分を誘導してあげることによって、ご自分で視ることになります。

私が自分の過去世を視たとき

私が自分の過去世だとはっきり認識した出来事は、町内会の夏祭りの準備をしているときでした。

当時、私は町内会の役員をしておりましたので、大勢の人に指示をしながらテントを組み立てていました。

少し離れた場所のチームに、「そこではなく、あちらの方向にテントを移動してください」と声を張り上げて腕を高く上げ、指差しをしたときです。私から少し離れたところで、誰かが同時に同じ方向を指差し、同じことを叫んでいた人がおりました。

その瞬間、私の脳裏に中世で馬に乗り、たくさんの兵士を率いて相手の陣に切り込んでいく騎馬隊（騎兵隊）の兵士だった私の姿が、まるで映画を見るように映し出されたのです。私の左側には、同じように進む方向を指差し、足並みを揃えながら兵を率いて陣を進めていく味方の兵士の姿がありました。その味方の兵士こそ、今まさに夏祭りの準備を一緒に取り掛かっている相手だったのです。

それは、一瞬の出来事だと思うのですが、その映像はとてもリアルで、しかもスローモーションのようにゆっくりと視えていました。なぜ戦っているのか、意味までしっかりと把握することができました。

そのときは長く時間が止まったように感じられて、周りの音も、動きもなく、完全に無音の世界におりました。

しばらくして、ざわざわとした周りの音が耳に届き、そこでハッと我に返りました。

一瞬の出来事とはいえ、とても鮮明な映像でしたので、自分の過去の姿をはっきりと認識することができました。そして、いにしえからのご縁の人物に再び会ったことで、懐かしさが一気に込み上げ、魂が震えてしまいました。

親しくもない人に、まるで男性のような口調で「おう、久しぶり！　元気だったか？　遠い昔でもお互いに頑張っていたなぁ。また会えてうれしいよ」と、思わず肩を抱きたい衝動に駆られていました。

もちろん、現実にそんなことをしたり話したりしたら、頭のおかしい人と思われてしまいます。ですが、そのときの私は懐かしさでいっぱいになり、魂が震えて不思議な感情を抑えるのに必死でした。

そこで初めて過去世とは何だろうか、今はお互いに知らない相手でも、こうして何かでかかわったりしているのだろうなぁ、と思ったのです。

女性同士ならば、何だか安心できる人とか、何でも話せる相手、親友と呼べる間柄になることがあるのでしょう。また、異性の場合は相手に対して好意を持ち、懐かしさでその人を好きになるのかもしれません。

一瞬で恋に落ちるときというのは、過去世の懐かしさや魂が震えることで、人を好きになるのかもしれませんね。

悩みの原因が過去世にあるとき

私は、昔からなぜか人に相談されたり、悩みを打ち明けられたりすることがよくありました。

ある日、何度も同じことで悩み苦しんでいる知人を見ていると、「きっと現世ではないところに原因があるのだろうなぁ」と思いました。

知人と話しているとき、その落ち込む原因が、ふと〝手〟にあることに気づいたのです。本人も全く気づいていない、もっと深い記憶に関係している手……。

でも、どうして〝手〟なのか、理由は全くわからずにおりました。知人に確認してみると、「そういえば、小さい頃に父親と手を繋ごうとして振り払われたことが未だに傷ついていて、主人にも手を振り払われると、しばらく落ち込んでしまう」と話していました。

結婚して十数年経った夫婦ならば、手を繋ぐことを拒否されたとしても、普通は落ち込んだりはしないものでしょう。手の原因がわかれば、きっと知人はラクになるのだろうと感じました。

でも、どうやって〝手〟の原因を突き止めれば良いのか……。そんなことを考えながら、ソファに座ったまま知人に意識を集中すると、知らない場面、知らない映像が視えてきたのです。

それは、きれいなドレスを着た女性の姿で、胸元には大きなエメラルドのネックレスをつけて寂しそうに微笑んでいました。裕福な家の女性、この見知らぬ女性こそが、今私の目の前にいる知人なのだと、なぜかそう確信しました。

その瞬間、場面が変わったのです。誰か若い男性に手を引かれて、駆け落ちをしている場面でした。塔のような高い建物に逃げ込んだところで、また場面が変わった次の瞬間です。塔からぶら下がり、今にも落ちそうな女性の姿がありました。

その手は若い男性に掴まれていたのですが、次の瞬間、その男性が彼女の手を振り払ったのです。そして、落ちていく彼女の姿が視えました。

とっさに、落ちていく女性の身体の中に入ってみました。ゆっくりとスローモーションで落ちていく彼女の目に映ったものは、自分を裏切って落とした男性の姿だったのです。これが、悲しいことに彼女が最期に見た映像でした。

裕福な暮らしも何もかもを捨てて、持てるだけの宝石を持って愛する男性と逃げ、結局は騙され裏切られて亡くなった女性の無念の思いでした。

裏切りと驚きと恐怖と悔しさ……。

それが視えたとき、知人の手の原因がここにあったのだと確信したのです。

普通の人ならば、手を振り払われてもそこまで苦しみ、落ち込むことはないのでしょう。けれども知人の場合は、手を振り払われることは、命を奪われることと直結するほどの恐怖が根底にあったのです。

私は、笑い話にされても構わないので、そのことをさり気なく彼女に話してみました。

すると、彼女は涙をぽろぽろ流しながら、「なんで涙が出てくるのかわからない」と言って、いつまでも涙が止まりませんでした。

私は彼女に、「それは過去の記憶。今、手を振り払われたとしても命は奪われないよ。安心していいのよ」と伝えました。

その後、久しぶりにお会いした彼女は、「以前は手を繋いだカップルを見るだけで嫌で、イライラしていたのに、今は何とも思わないの。それに、なぜかエメラルドが大嫌いで、母から譲られたエメラルドも身につけられなかったけれど、今は平気なの」と、お母さんにもらったエメラルドのネックレスをつけてニコニコしていました。

そのとき、私は過去世を強く意識いたしました。

それからは、苦しみの原因が顕在意識を探しても見つからないときは、あえて過去世を視るようになったのです。

誰かの過去世を視に行く

もっと簡単に、意識的に誰かの過去世を視るには、どうやったらわかりやすいかと考えました。それで思いついたのが、自分で自分を誘導する方法です。

それを行ってみたいと思いますので、少しイメージングをしてみてください。

先ほどの草原を使います。

やってみよう！

自分で過去世を視に行く

草原は少し草の丈が伸びて、風が吹くたびに緑の草がゆらゆらと揺れるイメージをしてください。

その草をかき分けて進むと、大きな箱がありました。

では、箱の前で止まってください。

箱のフタを開けると真っ暗で何も視えませんが、その箱は誰かの過去へと続く入り口になっています。皆さんがイメージする箱を、それぞれに思い浮かべていることと思います。

箱はタイムトンネルのようになっていて、中に入ることで過去世へと進んでいきます。

暗い箱に入るのは少し怖いかもしれませんが、箱に入ってフタを閉めた瞬間、まぶしい光が溢れているイメージを創ってください。まぶしいシャンデリアでも構いません。

箱に入ったとしても、必ず無事に帰ってこられますので、怖がらなくても大丈夫です。

本当は、初めからどこにも行ってはいないのですから。

上手にイメージングできましたか？

それでは、やってみましょう。


まず、誰の過去世を視るかを決めてください。

ゆらゆらと草が揺れる草原を、草をかき分けて歩き出しましょう。

そして、箱を見つけたら、それは誰かの過去世へと続く入り口です。

今世どうして親子だったのか、または夫婦になったのかでも良いですし、誰かの過去世を視ると、自分で決めてから箱の中に入ってください。

箱の中はまぶしくて、「まぶしいなぁ」と思っている間に箱がゴトンと音がして、どこかに着いたようです。

さぁ、そっと箱から出てみてください。

何か映像が視えてくるまで、少し待ちましょう。

そして、映像が視えてきたら、人がいたなら誰だろう、場所ならどこだろう、と自分で自分を誘導しながら進めてみてください。

ぐるりと周りを三六〇度見渡しても、また空間に浮かんで視ても構いません。人ならば、姿形は違っていても、それが誰なのか不思議とはっきりわかります。

自分で自分を誘導しながら、場面を上手に変えてみてください。

慣れてきたら草原や箱を使わなくても、目の前の人の過去世を視ると意識するだけで、映像が脳裏に視えてきますので、必ず草原を使う必要はなくなってきます。

アカシックは人によって異なる

過去があって、今があって、そして未来があります。当たり前ですが、ふとした瞬間に「あれ？　この場面は知っている、前に見たことがある」と思うことはありませんでしたか？

特に子どもの頃には、そういう経験が多かったような気がいたします。

それと似たようなことで、初めて出掛ける場所なのに、初めて会う人なのに、どこか懐かしいと感じる場面や人がいたりします。また、何度も同じ場面を夢などで繰り返し見ることもあります。

私たちは肉体を持ってはおりますが、もともと不思議な能力を持っていますので、ふとしたときに、今の記憶にはない遠い記憶の場所や未来を覗きに行っていたりします。

それは夢で見たようなつもりでおりますが、実は自分の意識がアカシックまで行っていて、自分の未来を垣間見たりしているのです。

アカシックレコードという場所があることは、おそらく多くの方が知っておられると思います。

アカシックは宇宙に浮かぶ図書館のようなものだと、アメリカの霊能者エドガー・ケイシーさんが言われたことで、とても有名になりました。これによって、宇宙のどこかにすべての情報が保存されている図書館のような場所があると、多くの方が認識したことでしょう。

ですから、宇宙のどこかに図書館を探す人もいるかもしれませんが、実はアカシックという場所は、人それぞれに違っております。宇宙という人もいれば、どこか雄大な場所、またお花畑という人もいるなど、人によってそれぞれに違っているのです。

アカシックというと難しいかもしれませんが、あの世とこの世の境目と思われたらイメージしやすいのではないでしょうか。

もともと私たちの魂の世界には、時間というものは存在しませんでした。時間という概念を作り出したのは人間です。

アカシックは、「今」よりも少し先に進んでおります。また、少し後にあります。実は、「今」と思っているところは、過去であり未来でもあるのです。

「虫の知らせ」という言葉がありますね。

私たちは無意識にこの先に何があるのかを本当は知っていて、それを感じていたりしますし、また亡くなった方々が心配して教えてくださることもあります。

それはどういうことかというと、「今」という未来を視ているからなのです。難しいように思いますが、この世よりも少し先に動いておりますので、そこで未来を確認することができます。

本当は、誰もが無意識に自分の未来を視ているわけですが、ほとんどの場合で忘れてしまいます。そして、ときどき未来を視てきた出来事を完全に消し去ることができないときに、「あれ？　この場面は前に見た」「この人を知っている。どこかで会った」ということになるのだと、不思議な皆さんに教えられました。

動物は自分の死がわかっていますが、本当は人も自分の死期をわかっております。

それはどうしてかというと、無意識に自分の未来を視に行ったとき、すでに受け入れて、そして初めから死期が決まっていたことを魂が悟るからです。

けれども、目が覚めるとまた忘れてしまいます。

それでも記憶のどこか、魂のどこかでは知っておりますので、人は亡くなる数日前にお別れの言葉を無意識に口にしていたりします。

それは、魂が言わせるお別れの言葉なのです。

それでは、皆さんもアカシックに行ってみましょう。

やってみよう！　自分のアカシックを視に行く

では、また緑の草原に降り立ってください。
そして、寝転んで空を見ていると、キラキラと輝く大きなペガサスが降りてきました。
ペガサスはあなたの前に降り立ち、自分の背に乗るようにと促しています。
それでは、ペガサスにまたがって、一瞬で宇宙まで行きましょう。
宇宙は暗いですが、たくさんの星があなたの周りに視えるでしょう。
宇宙にペガサスと浮かんでいると、暗い遥か彼方に光り輝くものが視えてきました。
さぁ、ペガサスに命令してください。
「あの光の中へ！」
そうすると、一瞬で光の中にペガサスが入りました。
そっと光の中に降り立ってみてください。光をイメージするのが難しいときは、光に入る扉をイメージしてください。

その扉からは、すでにまぶしい光がこぼれています。

そこはどんな場所ですか？

よく視ると、さらにもっと上に続くエレベーターのようなものが視えてきます。虹色のくるくる回るエレベーターかもしれません。

そこに、そっと入ってみてください。

虹色エレベーターは、一瞬であなたをどこかに連れていきます。

さぁ、そこに視えているのはどんな場面ですか？

よーく視てください。その場所が、あなたのアカシックの場所だと思ってくださいね。

一度でそこまで動き出すことは少し難しいかもしれませんが、何度かご自分のアカシックを訪ねて行って、その場所に誰がいるのか、またその先はどんな場所になっているのかを少しずつ試しながら、どうぞ楽しんで探索してください。

未来を視る

人はみな、どうしても自分の未来を知りたいものだと思います。きっと自分の未来がとても不安だからなのですね。

でも、皆さんは無意識に未来を視に行っていますので、認識していないだけで、本当は自分の未来を知っているのです

自分の未来はこうなっているような気がするって思うのは、自分で創っていると思うかもしれませんが、そうなっている場面を覗き見しているからなのです。

よく「未来は変わりますか？」と尋ねられます。

多少のズレはあっても、大まかな未来は変わりません。もちろん、私の透視も一〇〇パーセントではありませんので、時期などを外すこともあるでしょう。

それは、未来が変わったわけではなく、私が外したからです。ただ、この世に一〇〇パーセントの霊能者もチャネラーもおりません。もちろん偽物も本物もこ

の世には存在しません。

本物とはどういうことかというと、自分で自分を視るときだけが本物になります。自分をチャネリングすることが、一〇〇パーセントの透視やチャネリングになるのです。

人は何かを選択するとき、何を選ぶか、どこを選ぶか、常に迷いますね。それが後々の大きな誤算にならないように、たくさん悩んで決断します。

けれども、仮に分かれ道があったとして、どちらの道を選んでも、実はゴールは同じなのです。道の選択は、いっとき舗装された道を歩くか、土の道を歩くかの違いにすぎません。

雨が降ってきて、舗装された道を歩いていたら、地面に跳ね返された雨で膝下まで濡れてしまうでしょう。土の道ならばぬかるんで、靴も靴下も泥で汚れてしまうでしょう。でも、傘がなければ、どちらも全身濡れてしまいますね。

ですから、そんなに大きな違いは、もしかしたら初めからないのかもしれません。どの道を通ったとしても、ちゃんと傘をさして同じ終着駅に着くことになるのです。

それならば、ただすべてのことを不思議な皆さんにお任せで大丈夫なのです。一緒にいる不思議な皆さんは、あなた自身を安心させてあげたいのです。常に、あなたにとっての最善しか選んでいないのです。

「どうぞ最善を選びます。不思議な皆さんにお任せいたします」

私たちは、それでよろしいのです。

自分を信じることとは、自分の不思議な皆さんを信頼することでもあります。

それでは、誰かの未来を視ていきましょう。

誰かの未来を視るとき、過去世との違いは、未来映像はとても鮮明に視えてくるという点です。

やってみよう!

未来リーディング

先ほどの草原を使ってみてください。もちろんグランディングをしても結構です。

「これから〇〇さんの未来を視に行きます」と心の中で宣言してください。

草原に寝転んで空を見ていると、キラキラしたものが見えます。キラキラしたものは、どんどん近づいてきて、あなたの目の前に止まりました。

それは誰かの未来を視る宇宙船です。

さぁ、どんな宇宙船でしょうか？

それに乗り込んでみてください。

中はどのようになっていますか？

そして、その宇宙船に向かって、「〇〇さんの未来を視に行きます」と言って、静かに宇宙船が未来へ飛び立つイメージを描いてください。

未来宇宙船は、自分のアカシックを通って〇〇さんの未来を垣間見に行きます。

そこで、その人は何をしていますか？

視えてきたことをわずかでも構いませんので、そのまま逃さずキャッチしてください。

＊

まだこのお仕事をして間もない頃、人の未来と願望の区別がつかない時期がありました。

懇意にしている方の知人に、「まさよさん、私はどこに住んでいると思いますか？」と尋ねられたことがありました。そのとき、その方は新しい住まいを探されておりました。

早速、視てみたら「か・み・す・ぎ」という言葉と共に、薄緑色の五、六階建てのマンションが視えてきましたので、そのままお伝えいたしました。

そうしたら、その方が「私は先週かみすぎの、その同じマンションを下見してきたんです」と、とても驚かれていました。

とっても便利なところで、「ここでも良いなぁ」と思ったそうです。けれども、結局はそのマンションではなく、知人が貸してくださったマンションに引っ越しをされました。

結果として、私は外したことになります。そのとき、私はその方の願望を映して視たのだと後で思いました。

願望と未来の違いは、願望はとてもリアルです。透視をする場合の映像の出方は、過去世は色があまり鮮明ではなく、どこかセピアがかって視えています。未来の場合は、それよりも色は鮮明ですが、どこか陽炎のようでもあります。それに対して願望は、色がくっきりはっきりしていて、とてもリアルに視えてきます。リーディングをする際、このことをどこか頭の片隅にでも覚えておいてくださいね。

第3章 相手の意識にロックオン

もともと複数の人格を持つ私たち

皆さんの中には、「自分は二重人格だ」と思う方もいらっしゃることでしょう。優しい自分、お人好しの自分、穏やかな自分。それとは反対に、意地悪な自分、冷たい自分、イライラする自分。特に若い頃は、自分という人間、あるいは自分の性格がわからないという方が多くいらっしゃることと思います。

それは、まだ人としての経験を積んでいないために、いろいろなあなたが顔を出してきて人格が定まっていないので、自分で自分がわからなくなるのです。

自分がわからなくなったり、自分でコントロールできなくなったりしたとき、医学的にみると、時には病名をつけられてしまうかもしれません。

もともと私たちの不思議フィールドには、たくさんの人格が存在します。たくさんの人の記憶を紡いで生まれてきたのですから、当然たくさんの人格を保有しているのです。

それを生きていく中で、さまざまな場面でどれを選択しながら通ってきたかで、現在の人格が形成されていきます。

身近にいる家族に性格が似ていることがよくありますが、それは近くにいることで、それと似た人格を無意識にインプットしているのかもしれません。

そうやって自分が選んで出来上がったものを、あなたの性格と認識いたします。

それは単に自分が選んだ人格が表面に現れているだけであって、本当はどの人格も保有していますので、人は誰もが本来は多重人格者なのです。

自分がわからないという方がいるかもしれませんが、裏を返せば、わからなくて当たり前かもしれませんね。

事件などを起こす人は、囁きが聞こえてきて、気づいたら事件を起こしていたということをよく耳にします。

それはどういうことかというと、表面に現れている自分という人格が揺らいだときに、他の人格が現れようとします。表面上の人格が揺らぐときは、深い悲しみにあるとき、誰かに強い憎しみを抱いているとき、鬱などで気持ちが安定していないとき、また何かで深く悩んでいるときなどです。そういうときに、たくさんの人格が表面上に出てこようとします。

それらの人格は、たくさんのことを囁いてしまうのでしょう。

何か事件を起こすとき、悪いものに憑依されて起こしてしまったと、人は時として考えてしまいます。でも、何かに憑依されたのではなく、自分の中にあるものが出てきているだけにすぎません。

私たちは、不思議フィールドという最も安全の中で守られておりますので、その中には外から何か悪いものが入り込むことなどできません。

何か善からぬことをした後、いつもの自分に戻ると「なぜそのようなことをしてしまったのだろう」と後悔することがあります。

それらは、外から憑依した何か悪いものではなく、実は自分の中にあるものなのです。それが、悪霊とか低級霊とか悪魔といわれる正体です。

お祓い、除霊、悪魔祓い

私がまだ中学生の頃、人の後ろにたくさんの人影が見えたり、幽霊といわれるものがたくさん視えた時期がありました。誰もいないのに引戸がガラリと開いたり、誰かが自分の後ろに立っていたりと、怖いことを挙げたらキリがありません。

当時、両親がある宗教団体に入っておりまして、そういう状態は、私の霊格が上がったから視え始めたのだと言って、周りは大いに喜びました。

けれども、それからの私の日々は恐怖の連続でした。

浮かばれない霊や未成仏霊を救い上げて供養してあげることが、もっと自分の霊格を上げることになり、またご先祖さまの供養にもなると教えられたからでした。まだ中学生の私は、現実離れした除霊とお祓い、邪を寄せない呪いの日々を過ごしました。

それらは終わることがなく、次から次と現れてキリがないのです。どんなに除霊をしたとしても、お祓いをしたとしても、それらは自分も相手も自己満足でしかないということを、そのときに知りました。

祓った、祓ってもらった。だからもう大丈夫。そう安心させている自分自身なのです。

本当は、除霊やお祓いすら必要はなく、すべては自分の意識のままなのです。

自分が怖いものを視ないと決めることは、怖いことに意識を向けていないことでもあります。怖いことを常にお話しされる方は、常に怖い何かに意識を向けていて、そして除霊が必要だと言うのです。

生きている人間が、見ず知らずの歩いている人に向かって「助けて」「自分を幸せにしてください」と言わないように、亡くなった人も同じで、見ず知らずの誰かに憑依することなどないのです。

今思えば、世界にはたくさんの宗教団体があります。宗教とは幸せになるために入るものなので、本当にその人が幸せならば、それで良いのかもしれません。年老いた人や苦しい人の支えになるのなら、宗教は素敵なことだと思います。でも、悲しいことに、ほとんどの場合が恐怖で人を縛っているように見受けられます。

この宗教の教え以外には幸せになれなくて、死んでからも天国に行けない、成仏できない、辞めたら地獄に落ちる、悪いことが起こる……。また、良いことが起きないのは、お布施が足りないからだと言われてしまうので、辞めることもできなくなります。

でも、本当に悪いことが起こるのでしょうか？

何かにすがっていたら、良いことだけなのでしょうか？

人は同じようにこの世に生まれ、良いことも悪いことも平等なのです。何かを信仰すれば良いことだけが起こるわけではなく、同じように嫌なことも起こります。

私たちの魂は、この世の何者も縛ることなどできません。魂というのは、神さまの分け御霊を身体にお預かりしているものと、私は思っております。ですから、恐怖や不安で縛ってはいけないのです。

除霊やお祓いをすることで、その人やこの世の中が良くなるのならば、世の中はもうとっくの昔に幸せな人で溢れていることでしょう。

私たちはいつになったら、その呪縛から解放されるのでしょうね。

私は、宗教を批判するつもりは全くありませんが、当時の私自身の経験から、宗教は何て罪なことが多いのだろうと思うのです。

ですが、恐怖や不安で縛られることも、時として人生には必要なのかもしれません。なぜなら縛りから解放されたとき、初めて真実が何かを人は知るのだと思うからです。その気づきさえも、自ら気づくことになるのです。

何を選択しても、どこに所属しても、御霊を縛るのではなく、あなた自身が安堵を得られているならば、それで良いのです。

どうぞ上手に安心を、幸せを選んでいってくださいませ。

幽霊の正体は昇華されない記憶

幽霊というものは、そこにじっとしているだけで、動くことも話すこともいたしません。そこに魂があるのならば、必ず生命の揺らぎを感じられますが、幽霊にはそれが全く感じられないのです。

幽霊は成仏できなかった魂だと思われる方も多くいらっしゃいますが、魂は肉体を卒業した時点で、光の記憶である源に還ることになります。ですから、私たちが視て怖がっているものは、誰かの残した悲しい記憶や無念の記憶なのだと後からわかりました。

私たちは、生きていると悔しい思いや辛い思い、苦しい思いをいたしますね。反対に、楽しい思いや嬉しい思いも経験します。嬉しい、楽しい、幸せな感情は、そのときすでに自分の魂を昇華させていますが、辛い苦しい記憶は昇華できずにそこに残したままになります。

なぜ楽しい思いや幸せな気持ちが昇華されるかというと、そのとき人は「嬉しい」とか「幸せ」と口に出しているからです。

私たちは生きながらにして、誰もがたくさんの記憶を放置しています。誰かの無念や怒りの記憶の残像を映し出して視ているのが幽霊といわれるものなので、必要以上に怖がる必要などないのです。

私は「記憶のレスキューが早く来たらいいですね」と声を掛けることもありますが、怖いと思われる方は何事もなかったように、他のことに意識を向けていただくことが一番よろしいかと思います。

魂は自分の死を受け入れている

今まで、亡くなったたくさんの方々や、誰かのご先祖さまを視させていただいて思うのは、ほとんどの方が供養してくれとは言わないことです。ときどき、何か「懐かしいなぁ」と言うことはありますが、供養とはおっしゃらないのです。

そして、何代も前の古いご先祖さまがいらっしゃることはほとんどなく、せいぜい三代、四代前くらいまでの方が、お顔を見せて教えてくださいます。それよりも古い方々は、姿はなくて集合のような意識として感じることがあります。おそらく、すでに自分の姿を一人ひとり記憶してはいないのだと思います。

姿を見せてくださるご先祖さまのほとんどが、心配していることや近くで見ていることをご家族にお伝えすると、あとはとても満足されて安心した表情をされます。

「自分は誰それです」とは名乗りませんので、お顔の特徴を話すと、だいたいが母方、父方の「誰それです」とわかる場合がほとんどなのです。

私は相談をしてくださる方のお名前から、母方か父方かを辿っていき、そして話し方や表情などの特徴をお話しすると、「きっとそれは誰それです」と皆さん必ず言われます。

お亡くなりになった方々は、無念だとか、もっと高い霊界に行きたいとか、お線香を上げて欲しいとか、本当におっしゃらなくて、生きている人と全く変わらないのです。

そして、魂は自分の死を受け入れており、生命エネルギーなので神に戻されてしまいますが、長い間自分として生きてきた記憶、自我は残っております。ですから自分が誰かを知っていますし、ほとんどが自分の死を受け入れております。

けれども、身体を持っていた記憶が残っている間は、家族の側で見守りたいと思われる方が多いのです。

それは成仏していないのではなく、自分としては家族の記憶の見守りをしたいのです。

あの世には段階があると思っている方が多いのですが、本当は段階などはなく、私たちが思い描くような「あの世」というのも存在していません。

あの世は眩いばかりの光の集合体です。その光は、今もあなたの体の中にあり、そしてあなたの身体からもはみ出していて、身体を手放すと一瞬で光の集合に還っていきます。

生命エネルギーでもある魂は、亡くなるとそこにはありませんが、いずれ自分の記憶が薄れていき、自分が誰なのかを忘れたときに、光の魂と自分の記憶の合致があり、初めて成仏といわれることになるのです。

記憶がなくなることは、怖いと思う方も多いかもしれません。でも、今あなたは何歳ですか？　あなたの〇歳、一歳、二歳の記憶は残っていますか？

残っていないのは、怖いことですか？

亡くなった方々は、私たちが思うほど骨にも、お墓にも、供養の仕方や方法にもこだってはいません。意外にも皆さんとても冷静で、そして生前と変わらず、お茶目な方も、気難しい方もそのままでいらっしゃいます。

死ぬと「無」になると思われるかもしれませんが、死は「無」ではないことを亡くなった方のお言葉を通じて知ることになります。

姿はなくても、大切な人の意識は必ず近くにあって、同じように存在しています。不思議な存在に教えていただいたことは、「脳が解明されれば死者と向き合うことが変わってくる。脳が解明されれば、あの世という概念も変わってくるだろう」「人はあの世がなかったことを、いずれ知る日がくるだろう」

ということでした。

近い未来、脳が解明され、そして脳の一部を採取して、それをパソコンやアンドロイドに移植することで、死者との会話が誰でもできるようになるでしょう。

そうしたら、あの世も死者もおどろおどろしいものではないことを、いつか私たちは知ることになるのでしょうね。

亡き者のメッセージとは

透視やチャネリングをする者として気になることがあります。

それは、チャネリングは高次元の存在だけと繋がり、亡くなった人は視ません、メッセージを受け取りません、と言われる方が多くいらっしゃるようです。

そういうことを聞くと、とても残念に、また悲しく思います。人はみな、いつかは必ず亡くなります。亡き人は視ませんと言われる方も、いつかは亡くなるのです。

「あなたのご家族やお身内に亡くなった方はいないのですか?」と問うてみたくなります。

あなたも、あなたの愛する人も、いつか誰もが亡くなるのです。私たちは、ご先祖さまが生きて、亡くなり、それを繰り返した結果、こうして存在しています。亡くなることが、何かとても低級なものだと思われることをとても残念に思います。

一昨年、日本を代表する俳優である高倉健さんがお亡くなりになりました。とても素敵な俳優さんで、訃報をニュースで知ったときはとても驚きました。

今でも私たちは、テレビの映像で高倉健さんを見ることができます。そして、テレビに映らなくとも、自分の脳裏にそのお姿を映して視ることができます。

もちろん実像ではなく残像の姿ではありますが、亡くなった方のメッセージをお伝えするときは、この残像の映り方で視えてきますので、そのときに伝えたいことの映像、またはメッセージで受け取ることができます。

亡くなった方のほとんどが、自分のことよりも残してきたご家族を安心させてあげたくて、メッセージを伝えてきます。

視えた相手が有名人なら誰だかわかりますが、ほとんどが知らない方の場合は視えているお姿の特徴をお話しすることで、誰だかわかったりいたします。

そして、亡きご家族のメッセージを知ることで、残された者も安心し、また亡くなった方も伝えられたことにただ安堵するのです。

もしチャネリングができるようになったとしても、誰それは視ないというようなことは言わないでくださいね。

人も、動物も、神さまも、伝えたいことがあるから、あなたに伝えてくるのです。

それは亡くなっていても生きていても同じで、ただお互いに安堵したいのだと思います。

もし目の前に誰かがいて、そして視えてきた映像があったならば、気のせいとか妄想と思わずに必ず言葉に出してください。

それは、必ず目の前の人に関係する人なのです。全く関係ない見ず知らずの人が、メッセージを伝えてくることはほとんどないのです。

亡き人のメッセージをたくさん伝えてきて、一つだけ知ったことがあります。

それは、供養してくれとか、お墓がどうとか、お経をあげてくれとか、お水が欲しいとか、苦しいなどというようなことは、一切言わないことです。また、人を祟ることも、呪うようなことも決して言いません、
ただ、亡くなって日の浅い方は、懐かしむように何々が欲しいとお話しをすることはありますが、供養をして欲しいとはほとんど言わないのです。

それはおそらく供養の仕方で成仏するとか、どの供養の形なら嬉しいということはないのかもしれません。供養は、生きている人が幸せだと思うなら、どの方法でも良いのです。

私たちが思う供養とは、自分の安心や満足のためにするのかもしれませんね。ただ、日本には長い歴史やたくさんの慣習がありますので、それに習うことも良いことであり、自らこうしたいと思うことも同じように良いことなのだと思います。時代と共にライフスタイルが変化してきているように、供養の形も、いずれ変わっていくのかもしれませんね。

幽体離脱であの世ツアー

私たちは、普段は忘れてしまっていますが、眠っているときなどに自分のアカシックに行っており、毎日の疲れを癒したり、自分の未来を垣間見たりしています。それを、より具体的にリアルに感じたい場合は、意識的に身体から離脱をしてみることも、私たちにはできるのです。

意識的に幽体離脱をしているとき、まず初めに自分のアカシックに行き、そこから自分の魂の故郷を垣間見たり、行きたい場所に行ったりいたします。

それを、「あの世ツアー」と私は呼んでおりますが、私のアカシックは雪山が遠くに広がり、山の麓に小さなお花畑があって、まず最初にそこに必ず行くことになります。

その場所は、空間に浮かぶきれいな紫色の裂け目のような入り口があり、そこから自由にいろいろな場所に行きます。大きく広がる無限の光の中や、あの世と皆さんが言われる、どこまでも続くお花畑などさまざまです。

体外離脱や幽体離脱の定義ははっきり決まってはいませんが、そういうことをすると体に戻ってこられないこともあって危険だと言われる方が多いかもしれません。けれども、実際に体に戻れないということは絶対にありません。

例えば、学生のときを思い出してください。つまらない授業のとき、他のことを考えたことはありませんか？

そのとき、他のことを考えようとしなくても、気づいたら違うことを考えています。先生の話を聞いていなくて、突然大きな声がしたり名前を呼ばれたことで、一瞬でハッと我に返った経験が誰にでも一度はあるはずです。

そういうとき、私たちは無意識に身体から抜けているのです。そして、ハッと我に返ったときが、ストンと身体に入った瞬間でもあります。

私たちの身体には、意識（魂）と体を繋ぐソケットのような部分があります。それがハートチャクラの場所である体の中心にあって、そこを損じない限り肉体と意識（魂）が切り離されることは決してないのです。

体のソケットで繋がっている魂は、どんなに遠いところにも、あの世に行ってもちゃんと体に戻ってこられるのです。

完全に肉体からソケットが外れてしまうのは、寿命がきて身体を卒業するときなのだと、不思議な皆さんが教えてくださいました。寿命は生まれてくる前から決まっていることですから、幽体離脱をして外れることは決してないのです。

現世の近いところを視ているか、もっとアカシックやあの世の探索をしているかの違いはありますが、神の脳を使うことで、それも意識的に、また無意識に誰もが行っているのです。

私は身体から意識がなくなる瞬間はいつも同じで、目の前に小さい虹が視えてきます。「小さい虹が視えてきたなぁ」と思った瞬間、ピーンという高音が聴こえ、体に意識がありません。

けれども、何かの音で一瞬のうちに戻されたり、また自分の意志で戻ってきたりもいたします。私と同じように、目の前に虹を視る方は意外と多いかもしれません。

ウトウトしているときと思うかもしれませんが、実は意識が下がるときは、リラックスしていてとても心地良いのです。そのときに意識が身体から抜けるのは、本当に一瞬のことです。

私が初めてはっきりと体から抜けたと意識したのは、八年ほど前にレイキ伝授を受けたときでした。あまりの心地良さで感激していたら、目の前に色が視えてきました。最初は、紫色が現れては消えてを繰り返していたのですが、それは次第に小さなたくさんの虹に変わっていきました。

「虹がきれいだなぁ」と思っていると、金色の細い糸を幾重にも束ねたような太くてきれいで大きな光の帯が、龍のように胸から勢いよく飛び出していったのです。一瞬のことでしたが、次の瞬間、私は浮かんでいて自分で自分の姿を見下ろしていました。

自分の体がまだ目を瞑ったまま、椅子に座っているのです。

そして、次の瞬間、とてもきれいな空に浮かんでいて、天使が扉の前にいて、白い扉を開けてくれました。

そのときまで、天使が本当にいるなんて思ってもいませんでしたので、とても冷静に本当に天使がいるのかという驚きと、とてもきれいな空にただ見惚れておりました。

眼下には、とても速く流れる雲があり、その雲の流れる速さと音を聞きながら、身体が浮かんだままでした。

そして、もう一つ扉があり、そこに手を掛けようとしたときに、朗々たる声が聴こえてきたのです。

「おかえり、待っていたよ。よくここまで来たね」

その声に、ただ涙が溢れてきて止まりませんでした。そのとき、私たちが何者なのかを知ったのです。

それまでは、自分の存在や価値をとても低く思っていましたし、人を羨んでもおりました。けれども、その出来事以来、他人と比較することの無意味さを知り、自分の魂に触れると涙が止まらなくなりました。

それは、未だにそうで、自分の不思議フィールドに触れると涙がこぼれてきます。

私が誰かに会いに行こうと思うときは、自分のアカシックを使って、亡くなった父や、飼っていた猫に会いに行き、あの世ツアーをさせていただいております。

父はとても若返っていて、今の私の年齢よりも若く、亡くなった本当の病名もアカシックの場所で教えてくれました。

人の魂と動物の魂は違うとか、行く霊界が違うと言われる方がおります。確かに動物たちは読み書きもできませんし、車も運転できませんし、人間の言葉も話せませんが、魂まで低いわけではないのです。

どんなに小さな生き物でも、魂は崇高で位も霊格もないのです。

それは、動物や小さな鳥たちとのチャネリンの会話で、動物たちの魂がとても清くていかに神々しいかがよくわかります。

姿を持たぬ神さまや大人の魂は金色の球体をしていますが、小さい子どもや動物、植物は白いきれいな球体をしています。

霊格を上げようと神社にお参りに行ったりされる方もいるかもしれませんが、神さまに愛されることと霊格は関係ないのです。

チャネリングとは

透視とチャネリングを切り離して考えがちですが、実は同じもので同時に行っております。

どういうときにチャネリングをしているかというと、例えば家を出て忘れ物に気づいたときや、鍵をかけただろうかと、ふっと思い出すことがありますが、そのとき気づくというより、どこからか降りてきた感覚があるはずです。

「忘れ物したよ」と耳には聴こえませんが、言葉ではないものが降りてきて、鍵や忘れ物の映像が出てきたと同時に、一瞬で思い出したりします。

そのとき、体の耳にではありませんが、音としてよりも言葉という感じで届きます。

やってみよう！　チャネリング

まずは、頭の中に大きな数字の「1」を描いてください。大きな1です。

次に、大きな「2」を頭いっぱいに描いてみてください。

次は「3」です。

「3の次の数字は？」と聞かれたら、大きな「4」が頭の中に浮かんでくるはずです。

次は、目の前の空間に、腕で大きく「1」と書いてみてください。

空間にゆっくりと大きく「1＋1」と書いた途端に、「2」という数字が大きく浮かんでくるでしょう。


このように、チャネリングの受け取り方は、頭に記号や言葉が浮かんだり、ヒラメキのような感じで受け取ることになります。

私たちは、これを普段から何気なく行っているのです。


では、今度はラクな姿勢になってください。あぐらをかいても、椅子に座っても構いません。

そっと目を瞑って手の平を上に向け、膝の上に置いてください。

右手の上に乗っているのは、あなたの大好きな部分。

さぁ、何色をしていますか？

どんな形をしていますか？

左手の上に乗っているのは、自分の嫌な部分。

さぁ、何色をしていますか？

どんな形をしていますか？

よく視てくださいね。

両手の重さ、感じが全く違うことでしょう。右手と左手は、あなたになんて囁くでしょう？

そっと両手を耳に当ててください。

あなたの耳に、何という言葉が届いてきますか？

よく意識を向けて言葉に耳を傾けてください。

実際には、両手の上には何も乗っていないはずです。けれども、確かに色がわかり、形もわかったことでしょう。これは、脳裏に映るあちらの目が、色と形を感じ取り、メッセージを受け取っているからです。

透視をしながらチャネリングをしているとは、こういうことなのです。

相手のエネルギーと繋がることで

あなたも不思議な存在なのですから、目の前にいる人も同じように不思議な存在になります。

自分の不思議フィールドを使って、相手の納まりきれないでいる不思議フィールドにアクセスすることで、その人の未来や過去などがわかるようになるだけではなく、不思議な皆さんやご先祖さま、またご縁のある神さまから必要なことを教えていただけたりいたします。

その方法を私は、「相手の意識にロックオンする」という言い方をしております。それはとても簡単な方法で、しばらく相手に意識を向けながら、同時に自分の脳裏に意識を向けていると、知らないお顔、知らない場所や何かキーワードが視えてきます。

私は相手のお名前から視ますが、写真を使ってもよろしいかと思います。

誰かを視ることとは、何か使って視るわけではなく、視る方法を自分が決めているだけなので、自分が「この方法なら視られるかもしれない」という方法を決めてください。

意識をロックオンしている時点で視えてきたことは、まだ何を言いたいのか、何を伝えたいのかわからなかったりする場合が多くあります。

視えたこと、受け取ったことを相手に伝えると、自分はわらなくても相手がどういう意味かわかっていたりします。

「それは誰それです」とか「どこそこです」というようなことを教えてください

ます。

このようにして不思議フィールドを使って行うことが、スピリチュアルリーディングとか、霊視、霊聴といわれることになります。

ここで注意しなければならないのは、幻覚や幻聴と見分けることです。

幻覚とは、とてもリアルに目に映ることであり、実際には目の前に誰もいないのに、人や物を実像として見えることです。

テレビの前に立ってみてください。実際にテレビは目の前にあるから見えていますね。でも、幻覚はテレビがないのに、リアルにテレビがあるように見えるのです。誰かとお茶を飲んだとき、目の前の人は実態としてありますので実像になります。

それから数日経って、一緒にお茶を飲んだ場面や相手を思い出してみます。

実際には今、目の前に相手はいませんが、相手の残像として脳裏に映っています。

それは虚像になります。

虚像は、どこか色褪せて見えているので鮮明ではありませんが、幻覚は虚像が実像のようにリアルに見えてしまうので、脳が混乱しているのだと思います。

そして幻聴とは、私たちの体は音を拾うとき、一般的には耳の中というよりも外で音を感じています。幻聴の聴こえ方は、耳の中に虫が入っている感じで、それもうるさいくらいに音がしているのだそうです。

幻聴のほとんどが自分の悪口や笑い声、陰口が聞こえてきますので、そういった場合はお医者さまにご相談をされることをお勧めいたします。

普段、生活していて一瞬視えたような気がする、一瞬聴こえたような気がすることがあったりしますが、それは幻覚や幻聴ではなく、不思議フィールドが何かをキャッチしたことなのです。

後ろから、誰かが自分をじっと見つめていると、何となく気配で振り返ったりすることがありますね。

それは、身体に納まりきれなかった不思議フィールドが、気配をキャッチすることで何となく気づいたりします。

この視え方や聴こえ方は、霊能者というプロの方も、まだご自分の能力に気づかずにいる方も同じように視えたり聴こえたりいたします。

いくら一人で練習をしていても、相手があって初めて自分の自信に繋がっていくことですので、もし練習をされる場合は必ずどなたかを練習相手にして視せていただいてください。ご自分の視えていることが正しいのだという自信は、人さまがくださるものなのですから。

オーラの視え方

人とお会いしていて疑問に思っていたことがありました。同じ人でも毎回、お会いするたびに雰囲気というか、周りに視える色が違うのです。

それがオーラというものだと気づいたのは、後になってのことでした。

「どうして会うたびに視える色が違うのだろうか」と思っていたのですが、その違いは着ている洋服やアクセサリーの色のエネルギーなのだとわかりました。

本来、私たちの身体からはみ出しているエネルギーフィールドは、みな同じようにオレンジがかった金色をしております。また、もっと奥にといいますか、深く視ていくと、私たちは生命エネルギーなので玉虫色のような七色を保有しております。

木とか植物のエネルギーはとても白く透明なオーラをしていて、木や植物は洋服を着ていませんので、そこに色が視えることはないのです。

神さまといわれる方々は、もともと肉体を持っておりませんので、目に見せてくださるときは光るオレンジ色に近い金色の球体をしております。

私たちも、身体からはみ出している部分は、オレンジゴールドに近い大きな球体なのです。

人の体の輪郭から少し離れて色が見えているとき、それは体の一番近いところに放射状に視えてきます。肩や顔の近いところに色が映りますが、着ている服が何色か、身につけているアクセサリーが何色かで、体の周りに映る色は全く変わってきてしまいます。

　誰かのオーラを視るときは、相手の体の近くの部分に意識を向けてください。顔や肩、頭、そして上半身と視たとき、体に沿って輪郭のようなものが視えてきます。そして、輪郭のすぐ上に目を向けたとき、着ている洋服の色が影響して映し出されます。

　緑の洋服を着ている方だと、緑色がそのまま映し出される場合もありますが、緑には青や黄色を含んでおりますので、そのときにどの色が強く主張しているかで、その色が視えたりいたします。紫色もそうですね。紫に含まれている青や赤色が映し出されます。

　先日、お会いした方は黒い服を着ておりました。黒は強すぎてオーラや気配を消す色と、私は普段説明しております。

けれども、その方の手は薄紫色がベールのように纏っておりましたので、服は黒いので中に着ているものが紫色だと思いました。

　そこで尋ねてみたところ、下着が紫だったそうです。

お正月になると放送するテレビ番組があります。どちらが本物か偽物かを見分ける番組で、本物の盆栽と造り物の盆栽とを見分けるコーナーがあります。

私はこの番組が好きでよく見るのですが、近くで見ている芸能人は外している方も多いのです。でも、木のオーラはテレビの画面を通してもはっきりとわかります。木を見るのではなく、木の周りに目を向けてみてください。

そうすることで、生きているエネルギー、生命というものが感じられます。生きている不思議フィールドには、生命エネルギーという揺らぎが必ず感じられるのです。

チャクラとは急所のこと

皆さんが当たり前のようにお話しされるチャクラですが、実は私にはチャクラの色が視えません。

人のチャクラも自分のチャクラも視えませんので、洋服を着ているせいかもしれないと思い、お風呂に入るときに暗くして視たことがありました。それでも、やっぱり私にはチャクラの色がわかりませんでした。

自分が視えていないと信じられないこともあって、皆さんが当たり前のように言われるチャクラとは何だろうかと考えたことがありました。

何かの本で、チャクラはエネルギーを出し入れしたり、そこに悪い気が滞る場所だと書かれていたように思うのですが、自分は視えないのでどうしても実感することができずにおりました。

私の個人相談には、いろいろな方がいらしてくださいますので、一時期「チャクラの色が視えますか?」と、皆さんに質問をしたことがありました。

今までお会いした方は二千人を超えておりますが、その中にチャクラの色が視える方は一人もおりませんでした。でも、皆さんはチャクラの色をちゃんと受け入れておりました。

私は、自分が視て知って初めて信じられると思っておりますので、自分の不思議フィールドに尋ねてみました。

「チャクラって何でしょう？　私には色が視えないのです」と。

そして、教えていただいた答えが「急所」でした。

身体の中心にある部分は、命（魂）と肉体を結んでいる繋ぎ目ソケットのようなもの。そこを損じることは、肉体と魂が離れてしまうことで、完全に離れるときは肉体を卒業するとき。どこか一部分を損じると魂の半分がこの世にあり、また半分があの世にあることになるのだそうです。

人が亡くなるときは意識を失っていることが多いのですが、そのときに魂は半分が肉体に残り、半分が身体から出て繋がっている状態で、それはチャクラによって繋がっています。ですから生きている者はチャクラの場所、身体の中心を「保護」しなければならないのだと教えられました。

もしかしたらチャクラの部分を損じることは、身体に意識が戻らない状態なのかもしれません。

混沌とした意識の中にあって、あの世に旅立つときは、最後の一本が切れて肉体を卒業することになります。その細くなった糸のようなものを最後に切るのは、自分自身なのだと教えられました。

人は亡くなる数日前から、少しずつ魂と肉体を繋ぐソケットが外れ始めていきます。不慮の事故で亡くなるときは、急に亡くなると思うかもしれませんが、実は魂は事前に知っております。少しずつソケットが外れ始め、肉体と魂を繋ぐ糸が次第に細くなっていくのだそうです。それは、お餅がビヨーンと伸びた感じといえば、わかりやすいでしょうか？

また、病気や老衰で亡くなるときは、数日前から意識がなかったりいたします。そういうときは、身体に納まっているわけではなく、身体から抜けていろいろな場所に行っているそうで、それが自分のアカシックだったり、現世で会えなかった方に会いに行っていたり、友人知人などにも挨拶して回っているのだそうです。

そして亡くなる間際になって、一瞬だけ身体に戻り、最後の細くなったソケットを外して（切り離して）、肉体と魂とが完全に分かれてしまうのだそうです。

私たちは生きておりますので、普段はソケットが外れたり、切れたりすることは決してないのです。

私が知ったチャクラは、エネルギーの出し入れというのではなく、魂と肉体の繋ぎ目だということでした。

守護霊の透視

身体に納まりきれずに、はみ出した大きな不思議な存在を神と呼んでも、守護霊と呼んでいただいても、天使でも、如来でも、お好きなように思われて構わないのですが、実はそこにお姿はありません。

何人というよりも纏まったエネルギーの集合ですので、姿形は持っていないのです。

でも私たちは、そこに誰がいるのか知りたくなります。誰が守ってくださっているのか、はっきりさせたくなります。

ときどき視せていただく方々に、その方のおばあちゃんやおじいちゃん、またはご縁をいただいた神社の神さまが、お近くで教えてくださることがあります。

神社の神さまもお姿をお持ちではありませんので、神社のお社とか祠とかわかりやすいもので視せてくださることはあっても、いわゆる私たちが思う『古事記』に出てくるような神さまのお姿では決してありません。

その方々は、あなたのはみ出している不思議フィールドの中に一緒にいるのではなく、その側に視せて教えてくださいます。

あなたの不思議フィールドは、生まれたときから還るまであなたと一体になっておりますので、その中に他の誰も入ることは決してできない、あなただけの不思議フィールドです。

もしも天使がお好きならば天使を映し出して視ることになりますし、日本の神道にお詳しければ『古事記』や『日本書紀』でイメージされる神さまを映し出して視ることになります。

どなたが守ってくださるかよりも、ご自分を守ってくださっている存在がただあることに気づいてくださることのほうが、とても大切なように思います。守護霊さんのお姿は、あってないものなのです。

やってみよう！

自分の守護霊さんを視に行く

それでは、先ほどのペガサスをまた使ってみましょう。
緑の草原に降り立ち、今度は振り返って視てください。
後ろのほうにそのまま進むと、そこは断崖絶壁になっています。
そこで立ち止まって、イメージで目を瞑ってください。
先ほどのペガサスが、あなたの守護霊さんを乗せてあなたの前に止まりました。
さぁ、イメージで目を開けてみてくださいね。
そこに誰が立っていますか？

そこに立っているのは、あなたを守護してくださる方です。知っている方かもしれませんし、知らないお姿の方かもしれません。

聞いてみてください。

「あなたはどなたですか？」

その方はなんて答えるでしょう？

心の耳をよく傾けてください。もし誰もお姿が視えなかったならば、ご自分の好きな方をそこに映して視てください。観音さまでも、マリアさまでも、自分のおじいちゃん、おばあちゃんでも、本当はどなたでも良いのです。

あなたが知りたいこと、聞きたいことを聞いてみて、ただ心を傾けてください。

きっとヒラメキという形で聴こえてくるでしょう。

赤ちゃんのときは宇宙語を話している

人にはそれぞれ生まれたときに備わっている「音」があります。

それはたくさんの記憶を紡いでいる言語を合わせたものかもしれません。

人は生まれて間もなく、誰もが魂の音を奏でていたそうです。ですから赤ちゃんは自由に魂の音を奏でて、不思議なエネルギーフィールドの皆さんと会話を楽しんでおります。まだ目も開いていない赤ちゃんが、夢でも見ているように笑っているときは、きっと不思議な皆さんとお話ししているのですね。

でも、生まれた国の言語が次第に耳に届くようになって、話す言語が決まった時点で、口や顎など使う筋肉も決まってしまうため、次第に魂の音、宇宙語を話さなくなってしまいます。

人の記憶は、三～四歳くらいから断片的に残っているといわれておりますが、〇～二歳までの記憶はほとんど残っておりません。

それは、脳がまだ未熟だからとか、脳にある海馬という場所が充分に成長していないからだと生理学的にはいわれておりますが、実は覚えていたら過去の記憶の言語を話しだしたり、不思議な皆さんと会話した内容まで覚えていることになりますので、必ず忘れるようになっているのだそうです。

自分の生まれた国の言語を話すことで、宇宙語も次第に遠い記憶の彼方に忘れていくことになります。

この魂の音、言語はどこの国にもない言語ですが、魂の源の音を保有していますので、私はこの音を「プシュケ語」とお伝えしております。

やってみよう！　プシュケ語を思い出す

では、ご自分の喉や胸、頭頂に、観音開きの扉があるイメージを創ってください。

まず、喉の扉を開けてください。

喉の扉をパカっと開けると、鈴のようなものがあります。喉を鳴らすように「あ〜お〜」

と声を出しながら、鈴を動かすようなイメージをしてください。

次に、胸の扉をイメージして、その扉もパカっと開けてください。胸の扉が開くと、その向こう側は異次元になっていることをイメージしてください。宇宙かもしれませんし、お花畑かもしれません。

ご自分のイメージで構いませんが、そこが胸と繋がっていると思ってください。

そして、あなたがご自分の体に入る瞬間のところまで戻りますので、頭頂の扉をパカッと開けてください。

頭頂は、赤ちゃんのときは閉じておりませんので、自由にあの世とこの世を行き来しているのだそうです。

今、私たちは大人になっていますので頭頂は閉じておりますが、扉を開けると光の帯が頭から出ています。その光の先はあまりに遠くて視えませんが、その帯を通って身体の中に入ってきました。光の帯はとても高い遥か遠くへと続いています。

身体はどんどん小さくなり、頭頂から抜けて光の帯に入っていきます。

そのイメージを上手に創り上げてくださいね。

それでは誘導していきますので、ゆっくりと呼吸を調えてリラックスしてください。

鼻から胸いっぱいに息を吸い込んで、口から静かに吐いてください。息と一緒に体の力が抜けて全身がラクになります。

さぁ、もう一度、鼻から大きくたくさん息を吸い込んで、思いっきり吐いてください。

全身の力が一気に抜けていきます。


今、あなたは何歳ですか？

今のご自分の体、年齢を思い浮かべてください。

さぁ、これから年齢が退行していきます。

あなたは今一〇歳の子どもです。一〇歳のあなたをイメージしてください。

もう少し小さくなります。五歳のあなたです。

そして、三歳のあなたです。

さぁ、もっともっと小さくなります。一歳のあなたです。

もっと小さい頃に戻ります。生まれたばかりのあなたです。難語を話していたことを想い出してください。手足をバタバタと動かしては「あ〜う〜」と難語を話しています。

もっともっと退行していきます。

今、あなたはお母さんのお腹の中です。

お母さんのお腹の中が窮屈になってきました。臨月のあなたは、もうじき生まれるときを待っています。

さぁ、もっと退行していきます。あなたはお腹の中で五ヶ月の胎児です。お母さんのお腹の中は、まだゆとりがあります。お腹の中で手を伸ばしてみてください。

さぁ、もっと退行していきます。あなたはお腹に入ったばかりの胎芽です。小さな小さな胎芽のあなたです。

さぁ、もっと戻ります。一瞬で頭頂から一気に抜けます。

あなたは、光の帯の中に浮かんでいる勾玉のような種です。まだ体に入る前のあなたは、自分がこれから入っていく体を、お母さんのお腹の中を光の帯から眺めています。

生まれて楽しいことも、辛く苦しいことも、経験することすべてをわかって生まれていこうとしています。

お腹の中に入ることは、とても勇気がいります。あなたは少し躊躇しながら眺めています。

これから生まれる前の記憶を消されてしまいますが、体に入る前に一言だけ神さまにお別れの言葉を話してください。

さぁ、喉に手を当てて、「あー」と声に出し、喉が震えることを確認してください。

そして、声を出しながら舌を回してみてください。

一度プシュケ語が出ると、意識して止めるまでずっとしゃべり続けます。木々に触れたり、飼っているペットの音を確認することで、さまざまなプシュケ語が出てくるでしょう。プシュケ語を奏でることで、懐かしさで魂が涙することがたびたびあります。

あなたのプシュケ語の音はどんな音でしょう?

プシュケ語を奏でるうえで、恥ずかしいと思った時点で絶対にプシュケ語は出てきません。初めは誰もいない一人のときに練習をしてみてくださいね。

プシュケ語は赤ちゃんの難語のようなもので、これを誰かに聞かせてあげると、聞いている方も知らない間に涙が流れていることがあります。

ペットを視る

誰かを視るときは、その人に意識を合わせます。例えば、知っている芸能人なら、芸能人の名前を聞いただけで、その方の姿が浮かんでくることでしょう。

では、全く知らない人の名前を聞いたとき、あなたの脳裏にはどんな姿の人が浮かんでいますか？

自分の創り出したイメージだと思うかもしれませんが、実はとても近い姿を私たちは視ています。

意識を合わせるというのは、その視えている姿に意識を集中させて、何を感じ取るかということです。

それは人間に限ったことではありません。可愛がっているペットでも、あなたが意識を合わせれば感じるものがあるのです。

どんなに小さくても、生き物には人間と同じような感情があります。人にペットとして飼われていたら、なおさら人にとても近い感情を持っています。

ペットが生きていても、亡くなっていたとしても、あなたの脳裏に映る姿に違いはなく、何を伝えたいかを的確に教えてくれます。

ペットを視るときは、飼い主さんから詳しい情報を教えていただき、写真を見ることで手に取るように何を考えているかが伝わってきます。

感じたことをそのまま口に出して伝えることで、とてもびっくりするくらいペットの気持ちがわかっていることに気づくでしょう。

ペットは、人と違って何もわかっていないと思うかもしれませんが、その姿はどんなに小さくても魂まで小さいわけではなく、人と同じということをチャネリングや透視リーディングを行うことで、教えられることや気づくことがたくさんあります。

ではここで、動物をイメージしてみましょう。

やってみよう！　動物を視る

それでは、犬のポチと言われたら、どんな犬が浮かんできますか？

もっと詳しくポチの情報があれば、わかりやすいですね。ポチは茶色の柴犬と言われたら、もっと具体的に柴犬のポチの姿を今、視ていることでしょう。

その脳裏に映るポチに意識を向けてください。ポチに意識を合わせると、ポチがあなたに伝えてくることがあります。

あなたの脳裏のポチは、あなたに何と言っていますか？

次は、猫のミーちゃんと言うと、どんな猫が浮かんでいますか？

白黒のぶちの雌猫のミーちゃんと言うと、具体的に猫のミーちゃんが浮かんでいることでしょう。

あなたの脳裏の猫のミーちゃんは、あなたに何と言ってくるでしょう？

では、インコのピーちゃんと言うと、どんなインコをイメージしますか？

ブルーの羽のインコと言うと、とても具体的にあなたの脳裏にピーちゃんが映っていることでしょう。そのピーちゃんに意識を合わせて待ってあげてください。

ピーちゃんは、何と言っていますか？

第４章 安心に包まれるために

石やぬいぐるみにも感情はある

どんなに小さな生き物でも、人と変わらない感情や思いがあるとお話しいたしました。それでは、生き物ではない石やぬいぐるみはどうでしょう。

四年ほど前、個人相談にいらした方が、大きなピンク色の水晶玉を贈ってくださいました。それは、二〇センチくらいの大きな水晶玉でした。くださった方は「物置に置きっぱなしで、いらない石だから」とおっしゃっていましたが、実は違っていたことを石が後から教えてくれたのです。

きっとその方は、私に気を遣わせないようにしてくださったのですね。

でも、見慣れないところに突然やってきたピンク色の石は、何か落ち着かない様子で、私には泣いているように感じました。もちろん石が話すわけでも、動くわけでもありませんが、家に帰りたいのだと何となくわかりました。

犬や猫でも、見知らぬところにきたら落ち着かないことでしょう。石も同じなのだと思います。

石に意識を合わせた瞬間、見知らぬ映像が視えてきました。それは、たくさんの石がきれいに並べられており、そこにピンク色の石がやや中央寄りに置かれていました。向かって右端には大きな紫色をしたドーム型の石が視えてきて、その反対側には尖がった白い大小の水晶がたくさん並んでいました。

最初は、何の映像だろうかと疑問に思いました。まさか石が自分のいた場所を視せて、教えてくれるとは思ってもいなかったからです。けれども、その映像はピンク色の石が憶えていた記憶で、大切に置かれていた場所だったのです。

その映像を視たとき、このピンク色の石は寂しいのだとわかりました。今までたくさんの仲間の石と大切に飾られていたので、ぽつんと置かれることが寂しかったのでしょうね。ですから、たくさんの天使や妖精の置物を置いている、賑やかな出窓のところに移してあげたところ、少し落ち着いたのか静かになりました。

そのときから石にも感情に近い気持ちが、きちんとあるのだと実感しました。

また、ある方が石のブレスレットをしてお見えになったときのことです。それぞれの石が何やら話しかけてきました。

それは、前からいた石と新しく購入した石を繋げたことで、石同士が慣れていなくて居心地が悪く、嫌がっていることがわかりました。

その方に確認してみると、「新しく購入した石と古い石とをすぐに繋げてブレスレットにしました」と教えてくださいました。

「あーやっぱりそうかぁ、石には感情があるのだ」と、そこでもわかりました。古い石と新しい石を繋げるときは、少し近くに置いて、慣れてきた頃にブレスレットにすると良いみたいです。

また、ある方のブレスレットの石は、繋いでいる金具が嫌だと伝えてきました。レイキを被せてあげたら、ぷつりとブレスレットが切れて外れてしまいましたので「その金具は外して、石だけで繋いであげたほうが良いですよ」と、アドバイスをさせていただいたこともありました。

ときには、着る物が伝えてくることもあります。

私の知人が「もう誰も着ないから」と、きれいな立派な着物をくださいました。それは三〇年ほど経った振袖でした。

普段は箪笥の中に大切に仕舞われていて、着物は安心して眠っていたのでしょう。久しぶりに箪笥から出されたと思ったら、見知らぬ家にきていたことが悲しくて仕方なかったみたいでした。

着物がこの家に慣れるまで待とうかとも思いましたが、今までの馴染みのある箪笥に戻りたくて泣くのです。その箪笥には、大島紬の着物がいくつも入っていることや、その振袖も持ち主にとても大事にされた記憶が残っていましたので、気の毒になってしまい、結局は持ち主にお返ししました。

物をリーディングするときも、その物に意識を合わせるのですが、悲しみや怒りの気持ちが物にあると、触れた瞬間にわかってしまうことも多いのです。

ぬいぐるみとかも大切にされていると、人やペットと同じような感情を感じます。

物には生命エネルギーがありませんので、魂が入り込むわけではありませんが、持ち主の気持ちを記憶するのだと思います。可愛がられた記憶、大切にされた記憶が、どんどん蓄積されていくのだと思います。ですから、私たちがその記憶に触れると、物の感情も生きているものと同じように読み取ることができるのです。

木の意識と繋がること

物や石にも感情に近いものがあるとお伝えいたしましたが、木も自ら動いたり声を出したりしませんが、明らかに生命エネルギーという揺らぎがあり、意識があります。

木にもそれぞれに気持ちがありますので、庭に植えられた木は、その家や人に慣れております。そして、自分の生えている土地を、また家人を守ろうという意識が庭木にはあるのです。ですから庭木を切るときは、ちゃんと木に説明をして、今までの感謝を伝えてから切ってあげてくださいね。

大切にしていると、生き物にも生命の揺らぎがない物にも、人によく似た感情が芽生えてきます。

それは、何か魂が乗り移るというのではなく、人の側で可愛がられているとたくさんもらった愛情を返そう、またその気持ちに自ら応えようとするものです。

それを「愛の意思の疎通」と私は呼んでおります。

大切にしているぬいぐるみを捨てられない方は多いと思います。物には感情はあっても生命はありませんので、捨てるときは声に出して「今までありがとう、もう大丈夫だからね。お役目ありがとう」と感謝してから、ご自分の洋服に包んだり新聞紙に包んで燃えるゴミに出していただければ、それで物の思いは昇華されます。

深いところで繋がると

私は誰かを視るときは、お名前を教えていただいて、その方やご家族などを視ていきます。

そのとき、ふっと浮かんで視えてくるお姿があります。兄弟、姉妹、両親など、誰と誰が似ているかをお名前から視て確認していきます。

私には、この人とこの人が似ているように視えるのですが、ときどき「違います」と言われることがあります。

そんなときは「あぁ、私がまだ深く繋がっていないのかな」と思うのですが、何度視てもその方が視えてくるのです。何度もそのお姿で視えてくるということは、視えている映像に間違いないと判断して、この方だと特定してから深いところで繋がっていきます。

そして、個人相談が終わって何気なくお写真を見せていただくと、私の視ている映像のほうが正しかったことを知ります。

透視の映像は、動き回るわけではなく、写真を眺めるような感じでお姿を確認いたします。けれども、実際に近くにいるご家族は、声やしぐさなどで家族の誰々に似ていると思い込んでいる場合が非常に多いのです。

その方に深い部分で繋がると視えてくる映像に間違いはありませんので、視えた映像が確信できたら、疑わないでそのままリーディングしていきます。

深いところで繋がるには、意識をただその方に固定して、しばらく待つことがポイントです。

神聖曼荼羅レイキ（エネルギー）とは

人の身体に音が備わっているように、記号のような、図形のようなものも備わっています。

それを一人ひとりチャネリングによって降ろすことで、身体の各部分に必要な記号を一つひとつシールドしていきます。

身体のどこかに痛みがあれば、そこをチャネリングして、どんな記号が降りてくるかを待って、痛いところにシールドしてあげることで、痛みが消えたり軽減されたりいたします。例えば、やけどの痕が消えたり、足のむくみが消えたり、頚椎ヘルニアの痛みが一瞬で消えたりと、効果はさまざまです。

降りてくる記号は一人ひとり違いますが、曼荼羅模様に似ていることから「神聖曼荼羅エネルギー」と呼んでおります。

このチャネリングエネルギーはある日、ふっと降りてきたエネルギーでした。私は、それを神さまから頂戴したエネルギーだと呼んでおりまして、一人ひとりチャネリングをすることで、とても的確でパワフルな響きを誰もが感じることができます。

では、ご自分の図形を調べてみましょう。

やってみよう！

自分の図形を視る

両手を上に向けて、目を瞑ってください。果たしてどんな図形が降りてくるでしょう。

手には何が乗っていますか？

それを、身体のどこに固定しなさいと言われていますか？

その図形をよく覚えていてくださいね。

一つひとつチャネリングして固定することで、神聖曼荼羅エネルギーが身体の各細胞を動かそうと発動し始めます。これによってヒーリングを行えるようにもなります。

意識を外すと硬い物でも軟らかい

意識というものは、皆さんが思っている以上にエネルギーがあります。意識を固定したり外したりすることで、視えたり聴こえたり、ときには硬い物でも軟らかい物のように自在に形を変えることも可能です。

それを垣間見ることのできる現象の一つが、スプーン曲げかと思います。

スプーン曲げというと、メンタリストのＤａｉＧｏさんを思い浮かべますね。

もっと古いところでは、ユリ・ゲラーさんでしょうか。

先日、スプーン曲げのコツといいますか、ネタバレがテレビで公開されたそうです。それを後日、見て思ったのですが、スプーンを曲げる瞬間、曲げた人はスプーンから上手に意識を外しているのです。

曲げるコツを聞いても曲げられなかった人は、曲げる瞬間に、意識をスプーンに向けているのです。

スプーンは飴のようにグニャグニャ軟らかいとイメージしても、曲げる瞬間に意識が一瞬でもスプーンに向くと、スプーンはとても硬くなり決して曲がりません。曲げるときは、スプーンから意識を外さなければなりません。

それを踏まえて、実際にスプーンを曲げてみましょう。

やってみよう！ スプーンを曲げる

スプーンを利き手でしっかり持ちます。親指をスプーンに立てて持ってくださいね。そして、反対の手で人差し指をかけます。この時点では、まだスプーンに意識を向けて構いません。スプーンはやっぱり硬いですよね。

では、意識をスプーンにではなく、引っ張る腕の肩甲骨に向けてください。

肩甲骨から意識を外さないようにして、フーッと息を吐きながら、肩甲骨を後ろに引いてください。

そうすると、それに連動してびっくりするくらい簡単にスプーンが曲がります。

スプーンが指一本でクニャリと曲がりますので試してみてくださいね。

このときも上手にイメージすることが大切ですが、スプーンが曲がるイメージよりも、脳裏に肩甲骨を映し出したほうが曲がりやすくなります。

引き寄せの法則

なりたい自分になるための「幸せの法則」とか「引き寄せの方法」がたくさん

あります。

引き寄せというと、宇宙や満月とか、天使の力を借りたりとさまざまですね。

どれも楽しそうですが、一番早く的確に実現させるには、果てしなく広大な宇宙をイメージするよりも、月や天使にお願いするよりも、自分と一緒にいる不思議フィールド、不思議な皆さんにお願いすることが一番早い近道だと知っていますか？

それは、宇宙とか月とか遠い場所を意識するよりも、あなたを一番よく理解している最も身近な不思議フィールドを意識していただくことが、とても早く確実に叶うことを知ってくださいませ。

そのためには、自分を信じて大好きになってあげること。また上手に安堵していることが、願ったように物事が進んでいく最善の方法なのです。

それは、まるで魔法のようなもので、早く実現させるには何よりも不思議な皆さんを信じ、その後はただお任せして委ねてあげてください。

一度信じてくださると、とても早く叶うことで、もっともっと信じたくなります。

そうすると、どんどん不思議な皆さんとの距離も近くなりますので、ますますなりたい自分になっていきます。

その結果、一緒にいる存在をもっと身近に感じてくださることになるでしょう。あなたがご自分を嫌いだとしても、生まれたときからあなたを大好きな存在がいるのです。ただ愛したいのです。そこに理由などないのです。

私たちは自分よりも、自分以外をついつい頼りたくなります。神社の神さまだったり、天使だったり、宇宙だったり、その方が自分よりも優れているとどこかで思っていますね。

けれども、自分を信じてくださることで、生まれたときのまま肉体と魂（心）が一つになります。

そうすると、信じられない不思議な力が自分にも備わっていることに、誰もが気づいてくださることでしょう。

なりたい自分になるには、どうぞまずは自分を愛して信じてあげてくださいね。

無理難題なりたい自分になるために

あなた以上に愛おしい存在はいないのですから、私は不思議フィールドに無理難題を言う「わがままワーク」というものをよくいたします。

無理難題だと思うくらいの願い事を、ぜひ不思議フィールドに聞かせてあげてください。どう考えても難しいということでも、不思議部分を信じてくださることはとても嬉しいことですので、どうにかして実現させてあげようと不思議フィールドは動き出します。

自分を愛してあげることとは、不思議な皆さんを愛することでもあります。

自分を信じることとは、不思議な皆さんを信じることなのです。

それには、まず心を「無」にすることから始まります。

でも、人は「無」になることが難しいのだと、不思議な皆さんが言われます。

無になるためには、どこかに意識を向けて固定する必要があるそうです。

そこで教えていただいたのが、図形（ロクボウセイ）を使った簡単な瞑想法です。

この方法を使って、無になる練習をしてみましょう。

やってみよう！　ロクボウセイを使った瞑想法

まず、両手で空間に大きく三角を作ってください。

次に、その三角に被せるようにして逆さまの三角を書いて、その三角の周りをぐるりと丸で囲んでください。

こうすると、ロクボウセイ（六芒星）が出来上がります。

そのロクボウセイをイメージして頭の上一〇センチくらい離したところに、そっと乗せてみてください。

実際には何もないかもしれませんが、確実に何か頭の上にエネルギーを感じます。

では、次にロクボウセイが鉛筆のように、先が尖って伸びていきました。

そして、身体も鉛筆の芯になったように、周りをロクボウセイで囲まれているイメージを視覚化してください。

あなたを包んだロクボウセイは、上も下も先が尖がっていて、その頭の部分の尖がりにそっと意識を向けてください。あぐらをかいても、椅子に座っても構いません。

そして、静かに尖がりに意識を向けたまま、なりたい自分をイメージしてください。

無理難題と思えるご自分の希望で構いませんので、言葉にしてイメージしてください。

次は、そっと仰向けに寝てください。そのとき、尖がった先はあなたの頭と足とお腹と腰に出ていて、トゲトゲの金平糖のような中に、あなたは今、包まれています。

そのままなりたい自分を意識して休んでください。

これが、ロクボウセイを使った瞑想法と、無理難題なりたい自分になるための瞑想法ワークです。ぜひやってみてくださいね。

やってみよう！ 光の繭を使った瞑想法

また、私が〝マスターブッタ〟から頂戴した光の繭を使った瞑想法もありますので、ご紹介いたします。これを「エンジェル瞑想」と呼んでおります。

まず、体育座りをしてください。

膝を抱えて、お休みのポーズをとってください。または、体育座りをしているイメージで横になっても構いません。

すると、肩甲骨のあたりから、とても大きな羽が出てきて、あなたを優しくすっぽりと包み込んで静かな眠りへと誘います。

肉体は休んでいますが、意識の身体は大きな大きな羽を左右にピンと張り、大きく前後に揺らし始めました。

そして、一瞬で身体から飛び出し、暗い宇宙に浮かんでいます。

肉体という着ぐるみの、背中のファスナーを開けて出るイメージです。

下を見るときれいな地球が視えています。地球の海と陸の割れ目からは、眩い光がこぼれ、下からあなたを照らしています。

今度は見上げてみると、ただ眩い光が帯となってあなたに降り注ぎます。

そして、左からも眩い光のシャワーが出て、右からも同じように光のシャワーが溢れてきます。その光のシャワーは上下左右とあなたを覆い、光の繭となってあなたを安心で包み込んでいます。

宇宙に浮かぶ光の繭の中で、しばらく安堵に包まれてみてください。

瞑想を途中で止めるときは、静かに目を開けて、「起きなさい」と声に出して、おでこを手の平で軽く叩いてください。これで、元の状態に戻ります。

神仏に愛される方法

近年、パワースポットブームで多くの方が神社仏閣を訪れていますね。

神仏のいらっしゃる場所に行くことでエネルギーをいただいたり、手を合わせて願い事をしたりしています。それでエネルギーをいただけた、あるいは願いが叶ったなら、それは神仏に愛されているからで、叶わない人は愛されていないからなのでしょうか？

神仏に愛される人とは、どのような人でしょうか？

信心深くて、心が清くきれいで、謙虚であること。そして、神道や仏教に詳しく、日頃から手を合わせることを心がけている人、感謝を忘れない人。挙げればキリがありませんが、実は神仏は安心しか持ち合わせておりませんので、神仏に好かれる人というのは、上手に自分を安心させている人なのです。

自分を安心させている状態が、一番神仏に近いことになります。

神仏に好かれるよう、ご加護を受けたいと思われるときは、どうぞご自分を上手に安堵させてあげてください。

生きていると心乱れることも、不安になることもたくさんあります。

でも、私たちは生まれてくる前に、すでに約束をして生まれてきているのです。どんなに心配しても、不安になったとしても変わらないのならば、あとは共にいる不思議な皆さんに、お任せですべてを委ねてあげてください。

そうすることが、共にいる不思議フィールドの皆さんへのご恩返しだと思います。

不思議な皆さんに、「最善最良をお任せいたします」と委ねたならば、あとはただ信じてご自分を安心させてあげれば良いのです。

私たちはいろいろな経験をして、それを乗り越えて今まで生きてきましたので、どうしてもいつものクセですぐ不安になります。すぐに心配してしまいます。そして、ついつい自分を安心させることを忘れてしまいます。

それでも構いませんので、忘れたら何度でも思い出してください。安心を、最善を選べるようにすることで、神仏のエネルギーに近いものとなります。

それこそが神仏に愛されていることなのです。

神さまが気づいてくださるのです。

神仏に向き合うことは自分の神さまと向き合い、自分に手を合わせることであり、それが神仏にも手を合わせることになるのです。

不安があると動かなくなる

上手にチャネリングすること、あるいは不思議な皆さんと会話するには、自分が安堵して安心していなければできません。

私もそうですが、何か不安になると途端にチャネリングができなくなり、何も受け取れなくなるのです。

不安や緊張しているとき、不思議な皆さんがシーンと静まり返るような気がいたします。そういうときは、自分と一緒にいる存在を、不思議フィールドをないがしろにしているのだと我に返ります。

悩んでも迷っても同じならば、不安に意識を向けるよりも、安心を選んでください。私たちは何事も選べるのです。

それでも生きていれば、病気になったり怪我をしたり、心乱れることも多いことでしょう。でもね、それでもそのときは最善であったと、過ぎた後で気づくことがあります。

この世に修行というものがあるのならば、ご自分を安心させてあげること、信じてあげることこそが、一番難しい修行のような気がいたします。

相手の後ろの方にお願いしてみる

職場の同僚や上司、友人知人と気まずくなったり、喧嘩したとき、またはどうしても会社に苦手な人がいて、その相手との関係を良くしたいと思うときは、相手の後ろの方々（不思議な皆さん）にお願いをしてみてください。

「○○さんの不思議な皆さま、もしかしたら○○さんに失礼なことを言って、大切な○○さんを怒らせてしまいました。すみませんでした。どうか○○さんの怒りを鎮めてくださいますよう、私にお力をお貸しくださいませ」

そうお願いしてみると、不思議なことに相手の態度が次第に柔らかく変わってきたりいたします。

一度で何も変わらないときは、何度か相手の不思議な皆さんにお願いしてみてくださいね。必ずびっくりするくらい関係が良くなります。

この相手の後ろの方にお願いする方法は、一般的に生霊を祓うことにも使います。

生霊とかお祓いって、なんだかおどろおどろしくて嫌ですね。

生霊という言葉は怖いですが、それは生きている人の思念であり意識です。

人は誰かを憎んだりしても、そんなに憎しみを持ち続けることなどできません。

個人相談をしていて、ときどき生きている人の思念が誰かの側にあるとき、羨望の気持ちを強く感じることがあります。

それを生霊というのかもしれませんが、一般的にいわれているような恐ろしいことは滅多にありません。生きた人の思念を感じた場合は、その人物を視ようとするとき、人の陰に姿を隠そうといたします。

人の後ろに隠れるのですから、目の前の人が二重にダブって見えたりします。人の影にチラチラと見え隠れする何者かがいた場合は、その特徴をお伝えして、心当たりのある名前を言ってもらい姿と名前が合致したら、あとはただ後ろの方に説得をお願いするしかないのです。

相手が次第に忘れてくれるように、傷ついた悲しみを慰めてくださいますよう、真摯にただお願いします。

すると不思議ですが、怒りとか悲しみが急激に収まっていくのがよくわかります。生霊が憑いていると言われたら、びっくりしますし怖いですね。

でも、怖がる必要も怖がらせる必要もないのです。これは、お互いさまなのです。心清く、行い清く生きてきた人なんてこの世にいませんので、何かが憑いていると言われて、心当たりがあるかと問われれば、みな何かしら心当たりはあると思います。ですから何か悪いことがあると、自分の行いを顧みては、自分の心の汚さを思い出しては、過去の行いと今起きている悪い結果とを結びつけて考えてしまいますね。

でも、人に恨まれたことがない人などこの世にいません。

人を恨んだり憎んだりしたことがない人も、この世にはおりません。

人は生きていたら、感情すらすべて平等なのです。

恨みつらみも羨望もお互いさま。ですからすべて悪いことで結びつけて考えなくていいのですね。

身体を卒業した先にあるもの

幼い頃を思い出してみてください。

自分が大人になることがイメージできなかったことでしょう。子どもの頃は、あなたの今の年齢も、今のあなたも、きっと想像がつかないほど遠い出来事だったのです。

今、あなたは何歳ですか？

きっと今の年齢に、誰もが気がついたらなっていたことでしょう。

さて、あなたの未来はどうなっていますか？

あなたが七〇代、八〇代、もしかしたら一〇〇歳のあなたを想像できますか？

そして、もっとその先にある、あの世のことを想像できますか？

一〇〇歳になっているあなたは、もしかしたら身体を卒業しているかもしれません。けれども、今のあなたには、身体を終えた先を想像することは簡単ではありませんね。

子どもから大人になるのに、どこからどこまでが大人で、あの日を境に大人になったという区切りがあるわけではありません。気がついたら何となく、みな大人になっていたと思います。

実は、あの世といわれる先も、今との区切りは存在しないのです。気づいたらもっと大人になっていた感覚と同じように、気がついたら身体を卒業していたのです。あなたは、大人になって気づいたこと、知ったことがたくさんありますね。それは、あなたが生きてきた叡智だと私は思います。

身体を卒業した先は、あなたが知った叡智よりも遥かに暖かくてすべてを補い、すべてを満たしている、あの世の叡智があるだけなのです。

一度大人になってしまったら、もう一度子どもに戻って子ども時代をやり直すことなどできません。大人の記憶や叡智を持ったままならば、もう一度子どもからやり直しても良いのですが、記憶を消して再びやり直すことは何て怖いことでしょう。

二度と御免被りたいと思いますね。もしかしたら、中にはもう一度記憶を消して、自分をやり直したいと思う勇気あるツワモノがいるかもしれません。

でも、あの世、叡智の世界では、また同じ人生をやり直すことなどありえないのです。

今日という日が二度とないように、あなたという同じ人生は決してないのです。

一人成仏

人が亡くなると魂は、一瞬で記憶の源に還ります。魂は神さまにお返ししますが、置いてきぼりにした自分の悔いの念や記憶は、一つひとつ拾い上げる作業をしなければなりません。あなたが生きた悔いは、あなたにしか拾い上げられないのです。人は亡くなると、次第に若返っていきます。例えば、七〇代で亡くなったら、七〇年分の悔いの拾い上げをすることとなります。そして、六〇代、五〇代、四〇代と逆行して悔いを拾い上げることで、次第に若くなり、最後は生まれるときまで戻り、すべてを拾い上げて初めて記憶と魂が合致し、融合した成仏となります。

魂と記憶の拾い上げが終わることは、自分が個人として生きた記憶をなくすことでもありますが、神と魂との記憶の融合となります。

私たちは生きてきた中で、たくさん悔しい思いも、辛い悲しい思いも経験してきました。それとは逆に、とても楽しく幸せな経験もたくさんあります。

幸せな感情はすぐに昇華されますので、この世に記憶という形で留めることはありません。けれども悔しい思いや苦しい思いは、記憶としてこの世に残してしまいます。それは、生きている限り残し続けることになるのです。

亡くなってから自分の記憶を拾い上げることをしなければならないのなら、生きているうちに記憶（魂）の拾い上げをすることで、私たちはとてもラクに生きることができるのです。

それが、生きながらの「一人成仏」、身軽な魂となります。

今まで自分が生きてきたことを振り返ったとき、誰かの態度や言葉に傷つけられたことがたくさんあったことでしょう。生きるということは、人を傷つけ、また傷つけられることかもしれません。

無意識に、人は人を否定いたします。そのとき、怒りで震えたかもしれませんし、とても悔しくて憎んだり恨んだりしたこともあったかもしれません。どうしても許せない相手が誰にでもいるでしょうし、どうしても忘れられないことが誰にでもあります。

ですが、あなたの魂は、その相手に謝罪の言葉を求めてはいないのです。

あなたの魂は、相手に仕返しを望んではいないのです。

あなたの魂が望んでいるのは、そのときに怒りで震えた気持ちを、悲しみで打ちひしがれた言葉を、ただ聞きたいだけなのです。

我慢させた気持ちを、言葉にして欲しいだけなのです。

そのときの悔しい気持ち、怒った気持ち、憎んだ気持ちを、あなたの魂はただ受け止めてあげたいのです。

それは、目の前に相手がいなくてもいいのです。あなたの口からあなたの言葉で、あのとき相手に何を言いたかったのか……。

ご自分に我慢をさせた言葉を、魂に聞かせてあげてください。

どうぞ一人のときにご自分の言葉で、ご自分の耳に、魂に聞かせてあげてください
さいね。

そんなことを言ったら波動が下がるとか、悪い言葉は自分に返ってくると思われる方もいらっしゃるかもしれませんが、あなたの不思議フィールドの皆さんは「馬鹿やろー」でも「お前なんか死んじまえー」でも、なんでもいいのです。

自分の言いたい言葉を、自分に我慢させて呑み込ませることこそが、最大の罪なのです。

我慢させた言葉を聞いて、あなたをラクにしてあげたいのです。

なぜ悔しい気持ちが残るのか、それは言葉にできなかった無念が残っているからに他なりません。それを一つひとつご自分で口に出して言って拾い上げることで、あなたの無念は昇華されるのです。

どうぞ一人のときに声に出して、言い返したい相手を脳裏に描いて言ってください
さいね。

私たちが思い描く成仏とは、あの世に行って初めて成仏できると思うかもしれませんが、成仏とはある日突然あの世に行くわけではなく、どこからどこまでが成仏ということは、実はないのです。

お坊さんにお経をあげてもらったり、誰かにお線香を立ててもらうことで成仏するわけではなく、また成仏は死んでからするものでもなく、実は生きているうちにするものなのです。

小さい頃は言葉で上手く説明できませんし、自分を弁護してあげることもできません。ですから傷ついた自分を、そのまま放っておくこととなります。

「もう昔のことだから」とか「子どもの頃のことだから」と、自分に言い聞かせて滅多に思い出すことはないかもしれませんが、そのとき傷ついた自分が、今もその場所に残っているとしたら可哀想ではありませんか?

あのとき、「本当は違うのに」その一言が言えていたら、あなたの想いはきっと置いてきぼりにはしていなかったことでしょう。

魂は、あなたを傷つけた人からの謝罪を求めているわけではなく、あなたの本心の言葉が聞きたいのです。

ですから、どんなに昔のことであっても、子どものときのことであっても、反論したい、言い返したい相手が目の前にいなくてもいいのです。

魂は、あなたが上手く相手に伝えられなかった言葉をずっと待っているのです。

あなたは、あのとき何を言いたかったのですか？

本当は、どうだったのですか？

そのことをご自分の耳に聞かせてあげてください。そうすることで、置いてきぼりにしていた自分自身を、今の自分に戻してあげることになります。

一つひとつ拾い上げていくと、やがてきれいな魂の球体となります。それが生きながら成仏することであり、あの世に行ったときにすでに成仏が終わっていることになるのです。

私がこのお仕事を始めるとき、しなければならないことがありました。

会社から「次年度の契約更新をしない」と、はっきりクビを通達されてからの三ケ月間、何をしていても、ふっと出てくる感情がありました。テレビを見ていても、お茶碗を洗っていても、その感情が出てきました。

それは、私がまだ高校生のとき、親に言えずにいた言葉でした。そのときは「そんな昔のことを」と払拭していたのですが、拭っても拭いきれず何度も出てくるのです。そこで初めて、その感情と向き合うこととなりました。

高校生の私は、あのとき何を言いたかったのだろうかと自分に問うてみると、涙と共に言えなかった言葉が後から後から溢れてきました。そうして出てくる感情と向き合い、気がついたら、ふっと出てくる無念の感情がなくなっていました。そのとき、「なんてラクなのだろう」と心から思ったものです。

それから間もなくして、見知らぬ人が私の目の前に座っていて、気がつくと個人相談を始めていたわけです。

こうして苦しみを言葉にすることで、人はどれほどラクになり、魂が解放されるのだろうかと、自分の体験をもとに知ったことでした。

それが、私の言う一人成仏なのです。

徳を積むこと

生きていたら誰かのお役に立ちたい、誰かのために何かをしたいと、人はみな思うことでしょう。

誰かのために生きたいと思うことは、魂の飽くなき欲求なのかもしれませんね。

誰かのためにする善き行いは、徳を積むことになり、それはいつしか自分に返ってくるものだと思いますね。

人はもともと、誰かのために生きたいのかもしれません。

「情けは人のためならず、回りまわって自分のため」という諺もあります。

でもね、初めから自分に返ってくるからと思ってしている行いは、何か違うように私は感じてしまうのです。

「人に良いことをしてあげた」と、自分自身が勝手に満足しているにすぎません。

「誰かのために」そう言いながら、本当は「自分のため」にしているのです。

私がいつも思うのは、人に優しくするときは何も考えていないはずです。そして、誰かのために何かをしているときは、すでにその時点で「喜び」という満足感を、魂の震えをいただいていると思うのです。

もうそれ以上、何か見返りを期待することなどないように思います。善い行い貯金を宇宙やどこかに貯めるよりも、すでにそのときに頂戴していることに気づいてくださったら、とても素敵だと思います。

人はお互いさま、おかげさまで、生きているのかもしれません。

ずっと感じていた孤独

私は、子どもの頃から大人になるまで、常に孤独で寂しかったのです。誰といても、どこにいても、何をしていても、とても虚しく寂しくなるのです。いつも胸の奥には、言葉では言い表せない大きくて暗い孤独や寂しさがありました。

それは、どこから来るものなのかわかりませんでした。

自分は宇宙人なのかもしれないと、本気で思っていた時期もありました。地球以外から転生してきたと言われると、どこかで安心している自分がおりました。

「そうか宇宙人か。それなら、この地球に馴染めなくて当たり前だよね」と、自分を納得させるためにそう思いたかったのかもしれません。

けれども、自分が誰なのかを思い出したとき、その寂しさが何なのか、すべてがわかったのです。

私たちは記憶を消して今を生きていますので、暖かい場所から離れてしまっているという無意識の虚無が、心の根底にあったのです。ですから、とても寂しさを感じていたのです。

でも「寂しくないですよ。ここにおりますよ。一人では、孤独ではありません。いつもどんなときも一緒」と、不思議フィールドの魂は一生懸命に囁き、記憶を取り戻して欲しいと導きます。

きっと、かつての私と同じように、寂しくて、孤独で泣きそうになっている方が、今もたくさんいらっしゃると思います。

その寂しさ、虚しさは、どこか他の星から来たからではなく、地球に転生したのが初めてでもなく、記憶を消したことでの虚しさなのです。でもね、その虚しさも孤独も、必ずいつかなくなりますので、安心してください。

何かを探し求めても、あなたの虚しさの答えはどこにもないのです。

エピローグ

●大きな豆のお話し

想像もできないくらい、とても大きな光り輝く豆がありました。

それは、魂でしか視ることのできない、あの世かもしれませんし、宇宙の中にあるのかもしれません。

その大きな豆から、たくさんの小粒の豆たちがこの地球にやって来ました。小粒たちには見えませんが、光り輝く光の帯で大きな豆といつも繋がっています。

小粒たちは、大きな光の豆から溢れ出るときに、記憶を消してきました。

すべての愛を経験して、いろいろな感情を経験して、自分が大きな豆だったと再び思い出すために、この地球を選んで生まれて来たのです。

けれども記憶を消している小粒たちは、それぞれに体を持ってしまったため、いつも寂しく、心の奥は孤独でいっぱいです。

みな同じ大きな豆から来ているのに、体を持ったことで自分と他人という意識が芽生えてしまいました。

「あの豆は自分よりも素晴らしい。きっと選ばれた豆に違いない」

みんながいつも大きな豆と一つなのに、大きな豆そのものなのに、そのことを忘れています。そして小粒たちは、自分に自信がなく、いつも何かが足りないと思っています。

自分のことが信じられない小粒たちは、自分ではなく、誰かのことを、誰かの言葉を信じようとします。

そのうちに、「私は特別だ」という小粒がたくさん現れました。そして、「特別な小粒の言う通りにすれば、幸せになれるよ」という言葉を信じて何かを求め、頼ることで幸せになろうとしていました。

でも、小粒たちは特別なものに頼りながらも、いつも心の片隅では不安でいっぱいで、本当に幸せではありませんでした。自分を責め、頑張らなければ、努力しなければ、神さまに愛されないと、そうやって自分を苦しめていました。

でも、忘れられている光り輝く大きな豆は、いつもいつでも小粒たち一人ひとりに話しかけ続けています。

おかえりなさい。いつでも待っていますよ。
あなたが大好きです。
あなたは何も変わってはいない。
探さなくてもいいです。
求めなくてもいいです。
思い出してごらんなさい。
怖くないですよ。
今も懐かしい場所に私と共におります。
それを忘れてしまっただけ。
思い出してごらんなさい。
自分が生まれていく瞬間を。
これから経験するすべての出来事を。

初めからわかっていたことを。

あなたがこんなにも愛されて許されて産まれてきたことを。

そして今も愛されて許されていることを。


あなたが生きてきたことで自分を責めるのは、神さまを、不思議な存在を責めていること。ですからとってても苦しくなります。

許すということは、もしかしたら自分のためにあるのかもしれませんね。

●大好きだよ

あなたのお名前は、生まれてくるときに不思議な皆さんと一緒に決めてきました。ですからご自分の名前を大好きになってあげてください。

ご自分の名前を、ご自分を大好きになってあげることが、何よりも目に見えぬ不思議な皆さんへのご恩返しになります。

名前が嫌いだという人は、もしかしたら名前ではなく自分が嫌いなのかもしれませんね。「○○ちゃんが大好きです」「○○ちゃんを愛しています」そうご自分の耳に聞かせてあげてください。

それは、本当は自分にではなく、一緒にいる不思議な皆さんへ聴かせてあげていることになります。

自分を労わる愛の言葉を口に出すことで、一緒にいる存在も、あなたも喜びで震え始めます。

本当は、それが何よりも大事なことで、透視もチャネリングも技術ではなく、根本にある愛の部分に気づいてもらうことで、すべての能力があとからついてくることになります。

ご自分の名前を呼んで「愛しているよ」ということは、もしかしたら恥ずかしいし、自分が嫌いなら言い難いかもしれません。

でも、見えない存在はいつでもあなたを最善に最高に愛してくれていて、いつでも無償の応援団なのです。

ですから、あなたにも言って欲しいのです。

〇〇ちゃん偉いね、すごいね、愛しているよ、と。

●神さまただいま

自分という身体で、すべてを経験してきました。誰かに意地悪をしましたし、誰かから意地悪をされました。

いっぱい誰かを憎みましたし、誰かにたくさん憎まれました。

いっぱい誰かを妬みましたし、誰かに妬まれました。

いっぱい誰かを泣かしましたし、誰かに泣かされました。

いっぱい迷惑をかけましたし、迷惑をかけられました。

生きることは苦しくて、不安で怖くて、とても辛いことでした。

けれども神さま、私はいっぱい笑いました。

あなたが愛してくださったように、いっぱい自分を愛しました。

振り返ってみれば、いっぱい幸せでした。

今、あなたがこうして生きていることが、あなた（神さま）への恩返し。

●「そのままのあなたでいいんだよ」は少し違う

スピリチュアルの世界では、「そのままのあなたでいいんだよ」と言います。

「自分は引きこもっていて仕事をしていないから、親に迷惑をかけている。それなのに、そのままで良いとは思えない」という方も多いと思います。

「そのままのあなたでいいんだよ」は、そのままのあなたでいなさいということではありません。自分が置かれている状況も、受け入れられない現状も、いったん今の自分を認めてあげましょうという意味なのです。

許しは誰かのためにあるのではなく、自分を認めてあげるためにあるのです。いったん自分を許して認めてあげたことで、そのままのあなたではなくなっているのです。

自分で自分の名前を呼んで「○○ちゃん愛しています」と、ご自分を抱きしめて言ってあげてくださいね。

とても恥かしいかもしれませんが、自分を根底から変えていく「魔法の言葉」なのです。

どうぞ今日から声に出して、自分の体の耳に聴かせてあげてください。

「○○ちゃん、愛しています」

しばらく続けてくださると、あなたの中で何か抵抗がなくなって変わってくることでしょう。それは、あなたと不思議フィールド（魂・神・光）が近くなった証し。

上手にご自分を労わり、誉めながら、たくさん愛してあげてください。

あなたを愛して止まない存在がいるように、あなたもあなたを存分に労ってあげてくださいね。

●あなたを包む不思議なフィールド

私たちは、大きな不思議な球体の中にいつでもおります。

球体の中は、完全なる絶対的な安堵しかありません。けれども、私たちにはその不思議フィールドが視えませんので、外へ外へと求めてしまいます。

そうすると、球体の中心からどんどん逸れてしまい、人は終わることのない不安を抱きながら何かを探し求めながら生きることとなります。

それはいつまで経っても終わりのない旅でしょう。

スピリチュアルは何かを身につけるものだと思っている方も多いかもしれませんが、ご自分を中心に戻して、魂を安堵させてあげることだと私は思います。中心に戻ることで、すべての能力が開花していきます。気がついたら、すべて持っていたことを人は知ることになるのです。

どうぞ探し物を終えられてください。探し物の旅を終えられてください。

あなたには、何も足りないものなどないのですから。

●死について

死とはどういうことでしょうか？

亡くなったらお終い、すべてが「無」になるという方がいらっしゃいます。けれども、たくさんの亡くなった方々と会話して知ったことがあります。

それは、亡くなった後でもちゃんと感情があって、生きているときと何も変わらないこと。

苦しんで亡くなったら、その後も苦しんでいるわけではなく、体から解放された身軽さや自由を得て、決して不自由ではないということでした。

残された者は、亡くなった者が苦しんでいないか、悲しんでいないか、悔やんでいないかと心配しますが、反対に亡くなった方のほうでも残された者を心配しているのです。

死とは、何だろうって思うのです。

老衰が大往生で「ぴんぴんころり」が理想ですね。けれども、病気で亡くなったり、事故で亡くなったり、自死で亡くなったり、死は人によってさまざまです。

人生を終えた、生を絶ったと思うかもしれませんが、死は亡くなり方を問うわけではないのです。

死の善し悪しの定義は人が考えたものであり、生まれるときに名前さえも自分で決め、肉体の終わりの死さえも自ら決めてきていますので、死に善し悪しはないのです。

魂に死はなく、そこにあるのは肉体の終わりだけなのです。

自死がいけないと、どなたも言われます。どの本でも説かれています。

人は本当に苦しいと自ら死を選ぼうとしますが、それで本当に亡くなる方はとても少ないのです。

どんなに死にたくても、自分が決めてきた死ではない限り、死のうとしても人は死ねないものなのです。

母に言わせると、私はいらない子どもでした。私が母のお腹に入ったとき、流れてしまえば良いと思った子どもだったそうです。そのことを母から直接聞かされたのは、六〜七歳のときだったように思います。

「いらない子ども」私はいつしか、そう自分で自分に決めていたように思います。

人は愛されていないと思うと、どこか心が欠損してしまうのでしょうね。小さい頃の私は落ち着きがなく、集中力もない困った子だったように思います。

あるとき、ふと「そうだ死のう」と思いたったことがありました。どうやって死のうかと、家の近所を流れている川に架かる橋の上から、飛び降りようと覗き込んだら、高くて怖くなりました。

覗き込むと怖いけれど、欄干の上を歩くことは、何かサーカスの綱渡りのようで怖いというよりも楽しそうな気持ちになって、橋の欄干を両手を広げて渡ることにしました。

落ちたら死ぬでしょうし、渡りきったら凄いことのように思いました。

そうして空を向いて、両手を広げて少しずつ欄干を渡り始めました。そして気がついたら、最後まで全部渡りきっていたのです。

そのとき、「私は生きていてもいいのかな。死とはなんだろうか」と思いました。

その頃から神さまが好きで、神さまは白い着物のおじいちゃんのようであり、イエス・キリストのようなイメージでもあり、神というものを自分の身を通して感じていたように思います。

ときどき実家に帰ったときにその橋を見ると、子どもの頃はとっても高くて長い橋だと感じていたのが、大人になって改めて見ると小さな橋だったのです。ここを、子どもの頃に渡ったのかと思うと、「あー、よくやったなぁ」と、とても怖くなります。

そのときも不思議な皆さんが必死で守ってくださったのでしょうね。

その後も人生において、何度も死のうとしたことがありましたが、今もこうしてこのように生きております。

ですから、死は最初に決めてきたことでなければ、人はそう簡単に死ねないのです。「ぴんぴんころり」が理想でも、すべての人がそのように死ねるわけではありません。どのような亡くなり方をしたとしても、亡くなった皆さんが言われることは「後悔していない」「自分の生を無事に終えたことは満足だった」ということです。それは年齢に関係ないのです。

人類の中で、今まで戦争のない時代はきっとなかったことでしょう。

戦争は人を殺し、自ら犠牲になって死んだ方がたくさんいることでしょう。

どの死が善くて、どの死が悪いかなんて、人は魂を裁くことはできないのです。

私たちは、死を美化する必要もなければ、死に善し悪しを決める必要もないのです。

●生きていたら

人は生きていく中で、必ず苦しさを経験しますね。自分だけが辛くて苦しいと思うかもしれませんが、人それぞれが苦しみを抱えていて、その時期が違っているだけなのだと思います。

自分だけではなく、人はみな平等なのです。

苦しみには二通りあって、逃げ出せる苦しみと、どうすることもできない苦しみがあります。逃げ出せる苦しみならば、無理をせず、さっさと逃げ出しても良いと思います。我慢することが美徳では決してないのです。

けれども、どうしても逃れることができない苦しみも中にはあり、それでも気づくことで同じ苦しみではなくなることがあります。それは、何も変わってはいなくても、時間が過ぎていく過程で苦しみが和らぎ、同じではなくなっていくのです。

人はみな、いずれ誰もが記憶の源に還っていきます。そのとき、どれほど多くの苦しみを経験したかよりも、どれほど辛い苦しみを、いかに自分の中で癒し軽くしたかが、とても大切なことのように思います。

その経験を問われるのだと思うのです。

私たちは、すべて安心だけを持って生まれてきました。

初めから許されて、愛されて生まれてきました。

どれほど不安でも、心配しても明日は必ずやってきます。

どれほど安心しても、同じように明日はきます。

それならば、どのように自分を、不思議な皆さんを信じて、安心させてあげられるのか、そこに努力したほうが今後の人生において、とても幸せなように思います。

今まで草原を使ったり、気球を使ったりして、透視の「視る」ことを実践してまいりました。

でもね、本当は視ること、感じることすら必要ないのです。

どうぞご自分の脳裏に映ることを、もっと感じてください。

それは、もしかしたらあなたの神さまを感じているのかもしれません。

あなたの不思議フィールドに恩返し　博美・作

♥七色女神フューシャのアチューメント

七色女神フューシャは、私がチャネリングをしてご縁を繋いだ可愛らしい女神です。

この女神と繋がりを持つと、胸が高鳴りワクワクするアチューメントです。

あなたの心の奥にあるワクワクすることを引き出すお手伝いをしてくれます。

＊

では、手でハート型を創ってください。（スペードの形が作りやすいときは、スペードの形で構いません）

あなたがイメージする女神フューシャを思い浮かべてください。

フューシャが、あなたのハートの形をした手の中に向けて、息を吹きかけます。

フューシャの吐息は、あなたのハートへと次第に広がっていきます。七色女神と繋がる祝福のブレスです。

あなたに祝福のブレスを　実桜・作

ご自分のハートに女神フューシャの吐息を感じたら、「フューシャありがとう」そう言ってください。

フューシャを思い出すとき、胸の高鳴りを感じ、あなたがワクワクすることを見つけるお手伝いをしてくれることでしょう。

おわりに

これまでは、私も皆さんと同じように読者側の一人にすぎませんでした。それが今回は著者側に回ったもので、本を書く難しさというものを経験いたしました。

普段行っている一日講座の内容を文章にまとめることは、なんて難しいのでしょう。同じ言葉でも、話すのと書くのとでは勝手が違います。

それは、文中でもお話ししました「見る」と「視る」の違いに似ています。講座では、目の前にいらっしゃる受講生に向けて、表情を伺いながらお話ししますので、とてもリアルで「見る」感覚です。けれども、どこかで読んでくださる方をイメージしながら書くのは、まさに「視る」感覚のようでした。

ただ、透視リーディングのようにはいかず、何度も壁にぶつかりました。

読んでくださる方に、この表現で伝わるのだろうか？

声の誘導がなくても大丈夫だろうか？

そんなふうに、いろいろ迷いながら書き上げました。

出来上がった原稿をみると、自分の文章力の拙さを嫌というほど痛感しました。

それでも、拙い文章を本にしてくださったナチュラルスピリットの今井代表と、編集をしてくださった豊田さんに感謝の思いでいっぱいでございます。ありがとうございました。

そして、出版するにあたって、知人のイラストや絵、写真を掲載したく思い、一緒に載せてくださいましたこと感謝いたします。ありがとうございました。

私たちは、いつもこの身体に神さまを預かっております。ですから、自分の胸の部分は神さまの伺い所、お尋ね処って思っております。

何かをするとき、胸が苦しくなったり痛くなったら、それはいけないことだという警告、また胸が高鳴ったり、穏やかさで満ち溢れたりすることは、幸せを感じているサイン。

忙しさや日々の生活の中で忘れがちですが、自分の胸の中を感じることで、神を、自分を思い出し、常に謙虚に戻される場所が「胸」なのです。ですから私は、胸は神さまを感じるお尋ね処って言っております。

神社仏閣は、神さま仏さまに手を合わせ、お礼を述べる場所。

自分に手を向けることは、自分という神さまと真摯に向き合う場所、そう思っております。

最後までお読みくださったことを感謝しております。

まさよ

◆ 著者プロフィール

光の記憶・魂の記憶　まさよ

霊能カウンセラー。仙台を拠点に活動しており、株式会社カルチャーの仙台青葉店、泉店、山形店、福島店にて「透視チャネリグ講座」の講師を務める傍ら、個人相談も行っている。評判が口コミで伝わり、全国から相談者が訪れる現在、予約は数ヶ月待ちの状態。最近は「1日透視チャネリング講座（光の記憶　魂の記憶を思い出すワーク）」を各地で開催。

ホームページ：http://sorairo0418.com/

アメブロ：http://ameblo.jp/kairudaisuki/

誰でもできる透視リーディング術
光の記憶　魂の記憶を思い出す

●

2016年1月30日　初版発行
2016年2月1日　第2刷発行

著者／まさよ

編集／豊田恵子

本文デザイン・DTP／大内かなえ

発行者／今井博央希

発行所／株式会社ナチュラルスピリット
〒107-0062　東京都港区南青山5-1-10
南青山第一マンションズ602
TEL 03-6450-5938　FAX 03-6450-5978
E-mail：info@naturalspirit.co.jp
ホームページ http://www.naturalspirit.co.jp/

印刷所／創栄図書印刷株式会社

ISBN978-4-86451-190-2 C0011

●新しい時代の意識をひらく、ナチュラルスピリットの本